AF450825

Bora.LA

Laura Antonini - Stefano Bartoli

L'AMOR
AL TEMPO
DEL REFOSCO

Liberamente tratto da
"Cyrano di Bergerac"
di Edmond Rostand

Nativi

Testi
Laura Antonini & Stefano Bartoli

Copertina
Lorena Cantarut

Aquila imperiale di copertina
Arlon Stok

Direttore editoriale
Diego Manna

Edito da
Nativi Società Cooperativa
Piazza Libertà, 5/b - 34132 Trieste
www.Bora.La
manna@bora.la

A Consuelo,
che ha tanto lottato
per questo libro

DEDICA
di Ariella Reggio

*Ai cari giovani amici
e colleghi Laura e Stefano*

Dopo aver iniziato con la Contrada e con un grande maestro come Francesco Macedonio la strada della recitazione, Laura e Stefano si avventurano ora in un cammino altrettanto difficile: la scrittura, cammino nel quale sembrano trovarsi a loro agio.

Ma in questo libro l'impresa è ancora più ardua in quanto si tratta di scrittura IN DIALETTO, e lo sottolineo perché nulla come il dialetto può scadere in luoghi comuni e volgarità che lo degradano... o almeno questa è la mia personale opinione.

Mi sembra invece che i miei cari amici abbiano in questo libro trovato uno stile e un linguaggio che rende il nostro dialetto gradevole, quasi una lingua, e

quindi mi consola davvero il fatto che
due giovani continuino una tradizione
che merita di non morire e di passare da
generazione in generazione.

Bravi dunque, avanti così, e auguri per
i vostri futuri successi.

Ariella

PARTE PRIMA

1. EL PROFUMO DEL VIN

Che bei che xe i giorni de bora. Per le strade frede de Trieste xe pochi quei che se aventura fora de casa. Stamatina la sufia forte, tanto de far svolar le vece e la cotola ale mule che camina storte. Ma ela la camina drita per strada. In pochi la conossi, e nissun conossi la sua storia. La xe solo una vecia che parla de sola, i disi, o col primo cocal che passa. El vento ogi sembra no tocarla, ma fa svolar lontan i pensieri, i ricordi...

Ricordi, tropi in quel local sempre uguale. La gente xe diversa ma l'odor penetrante de vin che invadi el naso xe quel de una volta, tanto che se te seri i oci te par de esser là. Ela, 'Genia, serava tropo spesso i oci, impregnada de quel odor, e la tornava indrio col tempo. Anche per questo no la gaveva una bona nomea, el parlar soli sepur sia uso comune a Trieste porta sempre malelingue. Eugenia xe la protagonista dela nostra storia, la contemo perché semo i unici che se ga ferma' a scoltarla.

Coi oci serai, la se ritrova tuto intorno dei marineri. In un local che se rispeti, i marineri no manca mai, specie a Trieste.

- Savè chi che xe Libero? - la domanda, ma no ghe xe nissun che la scolta.

- Anca adesso, ala mia età, zerte robe no se le dimentica. Iera squasi l'alba d'istà del '14 e mi iero una bela giovine, tuta un fior. No credè? Oh oh, gavevo muci de giovinoti che me fazeva le bele. Savè come che se disi: la beleza del muss. Maledeta beleza. Maledeta mi. Libero disevo, Libero vigniva a star mio cugin. Secondi cugini ierimo, che saria come dir che lu iera el fio dela fia dela sorela de mio nono. Lui xe nato a Fiume, ma cressu' a Trieste. Mi, nata e cressuda a Bis'ciacovez, sora el manicomio per capirse. Mio pare iera nostromo sul Rosanska, co ghe iera ancora l'Austria-Ungheria. La beleza xe come el pan, quel apena sforna'. Bon, lassa tuto un profumo nel'aria che nissun pol resister. E co te lo tochi te se brusi le man. Ah

Libero! Me ricordo ancora quela volta in sto local. Iera apena sbarcado l'equipagio dela Martha Washington. E drento ghe iera pien de maritimi...

"Le mule de Barriera ghe piasi l'altale-
na..."

Ghe par de sentir dele vosi cantar e la se infastidissi.

- I fazeva un scandal che no ve digo. Mi me trovavo là con mia mama. Savè, a Trieste le babe no se fa tropi scrupoli. Le xe 'sai meno sufistiche.

"E come le svola in aria le te mostra la
filomena..."

Le vosi se fa sempre più forti.

- El marì maritimo. Ela casa sola coi fioi a pesternarli tuto el giorno. Babe de pratica e no de filosofia. Più de qualche-dun in quel local me strizava de ocio.

"Bim bum bam prima in boca e dopo
in man!"

- E subito mia mama a darghe per le man. 'Xe pecato! La vadi a confessarse!' la ghe diseva. E lori tacava a cantar più forte e i rideva, imbriaghi come cocai.

"Bim bum bam, bim bum bam!"

- Dio, no go mai visto un cocal imbriago, ma maritimi imbriaghi a ufete. Ah ma mi no iero una facile. No no. Per questo i me fazeva la tira. Mi go amado veramente solo do volte e fino ala morte. No go mai conossù un cuor più grande de quel de Libero.

- E cossa 'Genia, solo el cuor el gaveva grando? - intervien un mariner. Più de un la varda de sbiego, o ghe parla in orecia a quel vizin ridendo. Ma 'Genia no se fa intimidir.

- Per ti signorina Valentich, toco de muss! -. La gaveva za de mula la risposta sempre in scarsela.

- Lasselo perder quel Libero - continua el mariner - El grande Libero! Ma de grande no ga miga el cuor. Scolteme mi, che un'apendice cussì no se la ga mai vista in tuta l'Austria-Ungheria.

- Paiazo! - Tutintun una vose rauca zitissi el casin. Tuti se varda fra de lori. Quela vose i la conosseva. Finché el mariner, rosso de rabia e de imbarazo, riciapa coragio e el va 'vanti provocar.

- E po a Nevjork! Che là in America i

fa tuto grande, i dovessi rampigarse per veder la fine de...

- Se te va 'vanti te nego in molo San Carlo!

- Ma cossa nassi orca?! - el mariner zerca de continuar - Disevo che a Nevjork...

- Fora, mona! - In quel, un omo alto, vestido mal e con el sguardo duro spunta fora del scuro. 'Genia no se gaveva acorto che iera anche lui là a scoltar, el nostro Libero.

- Desso te me ga roto i bezzi!

Con le mudande piene el mariner se gira verso i sui compari in zerca de una man.

- Muli, iuteme!

- I signori marineri stiano sentati ai loro posti! - li sfida Libero - O me tocherà prenderli a piade in tel daur.

- Ma...

- Tasi! Muci. Sfido tuti! Scrivo i nomi. Feve avanti! Un ala volta. Chi vol scominziar? Voi, signore? No. Voi? No. Giuro che sarò pien de riguardi per chi gaverà coragio de vedersela con mi. Alzi la man chi vol 'sagiar el mio piombo.

Ma, za se saveva, nel local no svola

gnanca un mandriol.

- Cossa nassi? Xe el pudor che ve impedissi de veder el mio fero nudo? - disi Libero, tirando fora el revolver de la scarsela - Nissun alza la man? - e metendo via la rivoltela el torna a puntar el mariner.

- Bon. Sparissi! E se no te ghe la spunti solo te dago mi una man, o un pie! - lo incalza Libero, lustrandose el stival. El mariner, poco convinto, prova a balbetar una risposta.

- Mi...

Libero se avicina minacioso, nissun se movi, xe tuti iazadi.

- Baterò le man tre volte, sacagnaco! Ala terza no voio vederte più. Uno...

- Penso che...

- Due...

- Son sicuro che saria meio...

- E tre! - ziga Libero, molandoghe al mariner un bel piadon intel daur, fazendolo svolar drito fora de la porta.

- E 'desso che'l torni, se el se la senti!

2. UN GALETO CON DO TESTE

Tra i marineri più de qualchidun volessi risponderghe, ma nissun verzi boca. Libero, sodisfato, ciapa posto a un tavolo come se niente fussi. La porta de dove xe pena svolà fora el mariner se spalanca de novo per far entrar un tuto impetì, ben vestido in montura. Tuti lo varda con timor misto a reverenza. Tuti meno che Libero.

- Zignor Libbero. - disi l'omo col peto in fora e sfogiando un marcado acento cruco.

- Amiraglio Ludwig von Hausgen. Che piazer... - ghe rispondi Libero, senza gnanca voltarse a vardarlo. L'amiraglio se gonfia come un galeto.

- Zavè che sto omo che gavè zapa' a piade è marinaio di mia nafe?

- Sì.

- Ofendendo lu voi me sfidè. Osè farlo?

- Sì. - ghe fa Libero sprezante, senza vardarlo in muso.

Stupi' de la risposta, l'amiraglio von Hausgen che domanda - No gavè un capitano?

- No. Son Libero. De nome e de fato. - rispondi Libero ridendosela per la batuda, che nissun dei marineri par gaver capì.

- Come, cossa? No gavè nissun che...

- No go bisogno de capitani, re o de imperatori.

- Voi ofendè el nostro Zanto imperator Franz Joseph. - taca a zigar l'amiraglio, e tuti per far bela figura se meti una man sul cuor e se cava el capel.

- L'unico re che me pol dir qualcossa xe Refosco. In quanto a voi vedè de andar a remengo. - lo incalza Libero, girandose e vardandolo in tei oci.

Rosso come un peveron, cola vena che ghe pulsa sul colo, l'amiraglio von Hausgen camina a passi pesanti tra i marineri zigando - Insulto! A mi, ala Martha Washington, al'imperator e al'impero! - el se ferma davanti de Libero, e puntandoghe el dedo contro el ghe disi - Iredentista italiano zè voi!

- 'Talian mi? Mai! - rispondi Libero, tirando un spudon per tera - De Fiume son.

- Vedemo alora... - l'amiraglio se gonfia come un galeto de novo e fa segno ai altri de alzarse in pie. Se poza tuti la man sul cuor e scominzia a cantar l'ino austroungarico *"Serbi Dio l'austriaco regno, guardi il nostro imperator!"*.

Ma Libero ghe va sora col suo voson rauco e el taca: *"A morte gli Asburgo Lorena. Noi vogliamo la libertà. Morte a Franz, viva Oberdan. Morte a Franz, viva Oberdan!"*

- Irredentista, voi sè!

- Andè fora dei bisi desso.

- *"Zum tode durch den strang verurteilen!"*, come che dizessi nostro imperator. Ala forca el ve mandazi tuti.

- Diseme vu pitosto - lo interompi Libero alzandose del scagno - perché el vostro maritimo el se ga insempià a vardarme el naso?

- Cossa mi? - disi el mariner, che iera tornà drento durante el casin e el se gaveva messo zito e cucio a vardar la scena.

- Cossa el ga de cussì fascinoso? - ghe domanda Libero.

- Vu ve sbaiè. Mi stavo vardando... le onge che le xe 'sai sporche.

- El par el beco de un cocal? - lo incalza Libero vizinandose.

- Mi...

- Ghe xe un brusco de sora? No rivo veder.

- Ma...

- Insoma cossa nassi su sto mio naso che lo vardè cussì rapido?

- Son stado ben atento del vardarlo!

- Ah, sè sta' 'tento?! - disi Libero finzendose sodisfato, ma po lo incalza de novo e continua a vizinarse - E perché no vardarlo?

- Cossa?

- El ve fa sentimento. Schifo, come. - El ghe riva cussì vizin de meterghe el naso squasi intel ocio.

- No, manco per gnente! - ghe fa el mariner piegandose indrio coi pie piantai in tera come do ciochi.

- E alora cossa xe quel mus de ciapin? - ghe domanda ancora Libero, sto giro con anda de sfida - El ve par massa grando?

- No, no no. - balbeta el mariner - Lo trovo picio, ma picio picio. Ma cossa digo picio, pi.. picinissimo!

Una ridada de qualche mona interompi el momento, Libero se gira de scato e tuto tasi. El ciapa fià e de novo el torna a puntarghe el naso in muso al mariner.

- Ma cossa pensè che son nane? Cossa picio, cossa picinissimo!

- Orca! - se dispera el mariner.

- Enorme è il mio naso! - Libero el ghe gira torno 'sai minacioso - Te pensi de far la remenela con mi? Mi son orgolioso del mio naso. Naso grando sta sul viso de omo de stofa, valoroso, propio come mi! Inveze el tuo bruto muso xe del tuto senza... - e ciapandolo pel bavero el taca a darghe un papin per ogni parola - virtù, forza, animo e... naso. Come anca sta tua altra facia. - E via, el ghe peta un altro piadon intel daur.

- Iuteme! - el mariner, spalma' per tera ghe rivolgi all'amiraglio un sguardo pietoso. Ciapado intel orgoglio, von Hausgen intervien - 'Dezo cominzè a stufarme!

- Orpo, stufato de capitano. Novo piato del menù de bordo. - se la ridi Libero.

- 'Taliano pissone!

- No amiraglio. Qua semo tuti austriachi.

- Ma...

- Ma stè 'tento, - lo interompi Libero tornando serio - se se trata de capitani li colpisso col piombo e no cola siola!

- Tante ziacole e poche fritole! Zavè vu cossa che ve digo? - tuti se vizina no credendo che von Hausgen stia per dir propro quel - Vu... vu gavete un nazo... ecco... un nazo... 'zai grando!

Libero, deluso, lo varda intei oci e ghe disi - Tuto qua?

- Ehm...

- Xe un fià poco, comandante! Podevi dir un mucio de robe sul mio naso e con tanti toni diferenti! Presempio... - incominca a elencar Libero, girandoghe intorno:

- Agressivo: "Se mi gaveria un naso simile i me gavessi za cavado la matricola!"

Descritivo: "Xe come un monte! Ma che monte, xe Lussingrando e Lussinpicolo insieme!"

Ciacoleta: "Ghe volè cussì ben ai useleti che ghe fè de trespolo col naso?"

Previdente: "Stè 'tento! Con tuto quel peso finirè col muso per tera!"

Cocolo: "Par che el vapor Jupiter pesassi quanto el vostro naso!"

Magistral: "Eco a voi el logo dove che nassi la Bora!"

Dramatico: "Co sanguina podessi sembrar el Mar Rosso!"

Pratico: "Xe come una dolina. Se podessi farghe un bagno!"

Rispetoso: "Me inchino ala vostra grandeza".

Curioso: "Ma punta sempre el nord?"

Opur, fazendoghe el verso ala tragedia de D'Anunzio, pianzendo: "Ecolo quel maliniazo che ga distruto la beleza de sto viso!" - e intanto che nissun osa interomperlo, Libero, tornado serio, concludi - Eco quante robe gavessi podudo dirme se gavessi avesto un poco de zervel o de cultura. Anche se no ve gavessi lassado el tempo de verzer boca, perché ve la gavessi serada a piade. Zerte robe me le digo de solo.

- Come ozate parlarme cuzì! - rispondi indignà l'amiraglio - Voi, che vestite de strazi, senza montura né creanza, ala sanfasson!

- Mi son elegante drento. No son miga un basabanchi nei giorni de festa.

- Grembano, 'taliano, pisson e paiazo!

- Libero Stelio Wilhelm Brezigar de Fiume! Piazer de conoserla. - e el ghe fa una riverenza presentandose.

- Remenela!

- Ahi! - ziga Libero tegnindose la man.

- Cossa nassi ancora?

- Me ga ciapa' un granfo ala man!

- E va ben! - ghe rispondi l'amiraglio che, capido el messagio, el se cava i guanti.

- Xe astinenza de stramusoni. Ve ne peto un con grazia.

- Poeta. - ghe disi ironico l'amiraglio.

- Sì, poeta! Poeta maledeto.

Ma prima che l'amiraglio possi capir cossa nassi, Libero ghe peta un do colpi in panza.

- Hoplà ciapè qua. Hoplì, ciapè lì! - e lo buta per tera, ma l'amiraglio no riva a alzarse - E po... Orpo. Ve manca el fià? Go pena incomincia'! Za la scampa?

L'amiraglio von Hausgen se fa alzar de un mariner, lo sburta via malamente, el tira fora de novo el peto pien de medaie e ofeso el va fora. La porta no riva a serarse de novo che za metà del local se svoda.

Libero, come se gnente fussi, se senta ala solita tola e ordina un taio de nero.

3. L'INCONTRO

- Libero! Libero! - un omo curto, con una panza che fa san, entra de corsa intel local.

- Michele? - se stupissi Libero girandose - Mulch! Amico mio, cossa nassi che diritura te cori?

- Te son diventa' mato? Te sa chi che te ga ofeso? - ghe fa Mulch, senza gnanca respirar.

- Se gavemo presenta' prima. Sicuro lu no se dimenticherà de mi.

- Xe el primo ufizial dela Marta Vasinton. Te vol forse che vegni el stesso Franz Joseph a impicarte pel colo?

- Quel vecio pomposo! No metessi gnanca el pie fora dela sua caroza, figuremose scomodarse per mi.

- Te se sta fazendo tropi nemichi. Per de più 'desso che ghe xe movimento.

- Movimento? - domanda Libero incuriosido.

- Sì, movimento. Te ga presente i cugini Gramieri?

- Quei che studia per ingenieri?

- Lori! I me ga conta' che a Padova, dove che i studia, ghe xe 'sai movimento. Per le strade ve xe tuti sti studenti che ziga "Abasso i asburgo!" - rendendose conto de gaver zigado, Mulch ghe se avicina al'orecia e continua pian - E se disi in giro che più de qualchidun ga ricevesto minaze de impicagion!

- Finalmente qualcossa nassi! - ziga Libero.

- Xe tempi bruti - disi Mulch sotovose preocupado - e par che presto ve sarà guera.

- L'Austria xe da un poco che la va in malora.

- Presto ghe sarà dimostrazioni anche qua. E xe importante saver subito de che parte se sta.

- Te sa ben come la penso, Mulch mio.

- Cossa te ga fato l'Austria de mal! - ghe disi Mulch, esasperado - Stemo ben. Gavemo, femo... te preferiria esser italian?

- 'Talian mi? No!

- E alora perché te fa cussì? Te vol esser

come D'Anunzio?

- D'Anunzio, che per un poca de sboba se taca ale braghe dei potenti. El credi de esser un poeta, ma intanto el bevi e el fa el mona cole babe. No el ga morale, dignità e gnanca cavei. Mi voio esser libero. - disi Libero, ridendosela.

- Teston che no te son altro! - prova a rabiarse Mulch - Perché po te se la ga ciapada con quel mariner?

- Quel mona credi de esser el meio! I austriachi 'desso vol tacar guera e i pensa che noi ghe andemo drio. Gavemo? Femo? Tuto quel che i vol lori però! E mi no ghe stago. Per de più quel mariner me vegniva voia de butarlo zo del molo za de quando che el ga messo i oci... su de ela. Buah! Me xe parso de veder una cagoia su un fior.

Mulch no credi ale sue orece, se dimentica de esser rabia' e ghe domanda soridendo - Come xe possibile?

- Che me son inamora'? Ma che inamora', son perso drio de ela. Come un perognoco! - ciapado del sconforto Libero neta el bicer de vin.

- E de chi? No te me ga mai fato parola.

- Come de chi! Pensighe un poco. - e con un gesto el ciama un altro giro per lui e el suo amico - Sto naso che me precedi de un quarto d'ora el me impedissi de esser amado perfin de un bacolo. De chi posso esserme inamorado se no dela più bela dele putele de tuta Trieste...

- Remenghis! E chi xe questa? - ghe domanda Mulch, ciapando el bicer in man prima che l'oste lo pozi sula tola.

- La Sissi saria diventada più suta de quel che la iera se la la gavessi vista per Trieste. La ga un viso delicato come una rosa. Ma co la parla la par un portual. Bela, forte, la ga caratere. La fazessi invidia a tuta la corte dei Asburgo e Lorena.

- Ah, go capi'! - disi Mulch sbatendo el bicer svodo - La Valentich, tua cugina?

- Sì, 'Genia.

- Me par ciaro Libero. - el ghe fa gesto al'oste de portar ancora un litro de quel bon. - Te quistioni perché voi sè cugini.

- Ma cossa cugini! - prova a giustificarse Libero sminuindo el tuto - Secondi cugini. Per quel no xe de quistionar.

- E alora dighe che te son come un perognoco per ela.

- Vardime Mulch! - ziga Libero interompendolo - Cossa posso sperar con sto naso che go? No me fazo fantasie. Qualche volta co son per le rive me perdo a vardar i morosi che i se braza, i se basa e penso che anca a mi me piaseria dar un baso... finché no vedo per tera l'ombra del mio naso.

Mulch ghe poza una man sula spala per consolarlo e, colmandoghe el bicer, el ghe disi - No sta perderte de animo amico mio! De Amor nassi Amor.

- Se te nassi tondo no te mori squadra'.

- Volevo dir che in amor pol capitar de tuto! Ti te ga coragio, spirito! Prima 'Genia la ga seguido la barufa tuta emozionada.

Libero cambia espression.

- Rapida, come?

- Ciapada propio. - lo coregi Mulch - Parlighe, fà in modo che...

- Che la ridi de mi per el naso? - lo interompi Libero alzandose de boto - No! Xe l'unica roba che no rivassi a soportar.

- Te vederà che no lo farà. La me ga giusto dito de dirte...

Ale sue parole, Libero ghe ciapa el brazo che impugna el bicer de vin pien,

spandendoghelo indosso.

- 'Pena 'desso te me disi?

- Deii!!! Scoltime, la vol incontrarte doman matina de mi in paneteria. La ga de parlarte.

- Orpo! - Libero se alza come per andar via, ma subito el se risenta.

- Doman matina. Ale sei e meza! - lo anticipa Mulch.

- Come se fussi za là! - el fa per alzarse, ma Mulch lo ferma.

- Desso no te son più zo de bala, ah?

- La se ga ricorda' de mi! Devo tornar a casa.

- Sta 'tento. - lo meti in guardia Mulch, preocupado - Te vederà che quel uficial che te ga ofeso no te la farà passar lissa.

Libero soridendo se poza sula tola e, rubando la bozza, ghe disi al'amico - Che el fazi quel che el vol. Gnanca l'Austria-Ungheria pol sovrastar el mio amor per 'Genia, figuremose sto fiol de un can de ufizial!

Libero esci con el suo vin nero come un trofeo, gonfio quasi quanto l'amiraglio. Mulch lo segui coi oci e, intanto che l'oste ghe intima de pagar, el sospira.

PARTE SECONDA

4. COMPANATICO DE POESIA

El sol magna le ore, se disi. E magna anca el pan, xe per quel che co el sol spunta el pan devi esser za pronto. Ale zinque Michele infati xe za stufo de esser là, con Carla, sua molie. Una dona stagna, coi brazi ingrossai del tanto impastar. Xe ela che la manda avanti la baraca, senza frinzoli per la testa, a diferenza de su marì, che xe 'sai ciapa' dela poesia e del vin. Mulch, sentado vizin al forno ancora caldo, sbisiga con dei foi de carta, pastrociando e scancelando, con far concentrado.

- L'argento del'alba za spunta sora al fero dei forni. - el comincia a decantar ad alta vose.

- No star là piantà come un articioco. - ghe ziga Carla de l'altra stanza, rabiada - Vien de qua a darme una man! Gavemo finido el butiro!

Ma Michele, che par no gaverla senti-
da, continua.

- Sofiga in te l'ispirazion. Xe l'ora del
forno, quela dei versi verrà poi!

Carla entra con una guantiera de paste
in man, tuta un sudor.

- Te ga controla' la torta per i Marusich?

- Ma sì, Carla. No tazar. Mmm, ste pa-
ste xe fate mal.

- Michele! - inveissi ela, pozando la
guantiera e ciolendoghe i foi de man -
Cossa xe tute ste straze?

- Xe versi, Carla mia. - ghe rispondi
Mulch, come se fussi la roba più normale
del mondo.

- Ancora? - sospira ela - No ghe ne pos-
so più de tute ste tue maravee! Te sa per
cossa se li podessi usar, i tui versi? - e la
ghe li sbati in muso - Per incartar le paste!

- Per i dolci, per el pan? - disi sconvol-
to Mulch - Remenghis! Ti te son sacrilega
verso le Muse e la poesia!

- No posso far quel che voio dei versi
che quei sporcacarte dei tui amici ne las-
sa per pagar tuto quel che i magna?

- La poesia xe el nutrimento del'anima.

- Ma magnitele ti ste straze! - la ghe

ziga, e la va in laboratorio come una furia. Mulch ingruma per tera i foi e el se senta, come dopo una lunga giornada de lavor, ricominciando a rimuginar.

In quel, la porta dela paneteria se verzi e Libero entra, vardandose in giro come se el gavessi perso qualcossa.

- Che ora xe?

- Libero! Bon giorno! Le sei.

- Tra meza ora... - Libero se buta straco su una carega. Carla, sentindo le vosi, la entra za alterada credendo sia un dei soliti poeti, un scrocon, ma vedendo Libero la se calma e la ghe soridi.

- Oh Libero! - la lo varda ben - Ma... cossa gavè sula man? Sè ferido?

Libero se varda, no ricordandose de gaver un bel sbrego insanguina'.

- Gnente. Una rissa.

- Cossa? - Mulch preocupa' se alza, butando per tera el scagno.

- Xe sta' bruto? - fa Carla distrata, vardando el marì coi oci carighi de livor, e la tira su el scagno.

- Gnanca un poco.

Ala risposta de Libero, Carla se gira de novo verso de lu e lo varda come faria una mare col fio. No la se fa inzinganar.

- No te me la conti giusta.

- Me cressi el naso? Devi esser una bala 'sai granda alora! - taia curto Libero cambiando discorso - Fra poco la dovessi rivar. Mulch, te prego de lassarne soli.

- No posso, Libero. Sta per rivar i miei amici poeti.

- I vien per la prima colazion! - intervien Carla.

- Te li manderà via co te fazo segno. Che ora xe?

- Sei e diese.

- Me servi una carega per provar.

- Ecola.

- Ecolo! El xe riva'. Scuseme! - ziga Carla filando de furia fora dela paneteria.

Libero varda stranido Mulch.

- Mulch, chi xe quel?

- Un amico de mia molie. Gran soldato, disi ela...

- Bon bon... no ga importanza. Disevimo, 'Genia... la entra, la fazo sentar, ghe dago la letera e scampo via. Mi preferiria crepar pitosto che dirghe una parola... Che ora xe?

- Sei e un quarto.

- Pitosto che dirghe una parola! - ricomincia Libero tirando fora una busta stropiciada de la scarsela - Inveze con sta letera ghe verzerò el cuor.

A sentir parlar de letere, Mulch se ilumina.

- Anche mi go scrito una poesia nova. Te la vol sentir?

- Sentimo. - rispondi Libero senza un fià de morbin. Ma Carla torna e li interompi.

- Xe rivadi i tuoi amici poeti!

- Te la legerò un'altra volta alora, Libero. Li fazo entrar e 'ndemo de là. Me raccomando.

Mulch va a verzerghe a un manipolo de strani cefi e subito i se rifugia nel'altro stanzon. Restado solo con Carla, Libero propio no riva a no farghe osservazion.

- Carla! Cossa fa quel in montura, el ve tormenta?

- Ma cossa disè? - disi Carla tuta imbarazada - Me basta un'ociada per stagnarli tuti!

- Mulch xe mio amico. Perciò vedè de no combinarghe bruti scherzi.

- No penserè miga...

- A bon intenditor...

- Mah... - comenta Carla, andando via per evitar de parlar avanti del militar.

- Che tipa quela. Povero Mulch. Propio a lui che xe cussì bon ghe doveva tocar una cussì.

5. L'AMOR DE 'GENIA

Resta' solo, Libero se ricorda de la sua letera che el tien strenta in man. 'Genia xe el motivo per cui el xe là. El sospira e, rivolto a la sedia, el taca a provar el discorso.

- Scolta 'Genia... no, cussì no va ben. Devo esser più deciso, squasi ranzido. Ela la vien drento e mi subito ghe digo de sentarse e no aceto un no, e po ghe digo: 'Genia...

Ale sue spale compari la nostra 'Genia. Una mula giovine, bela, morbida e con dei bei cavei longhi ligadi a trecia.

- Libero!

Libero se gira, nel vederla el se iaza e dopo gaver deglutì calmo el ghe disi - 'Genia! Vien sentite qua.

Ma Eugenia no perdi tempo.

- No, Libero, go premura de parlarte!

- Ah. Va ben. - e subito el se acorzi de

gaver sbaia'.

- Per quel che voio dirte me serviria che te me scolti col cuor in man.

- Anca 'desso. - ghe disi Libero, fazendoghe un inchin maldestro.

- Ma coss'te se ga fato sula man? No, fame veder! - Libero ghe mostra la man sbregada - Come quando che te ieri muleto, anche adesso, ala tua età. Dove te se lo ga fato?

- Zogavo con alcuni marineri austriachi soto el porton de casa mia.

- Te son el solito. - concludi 'Genia tirando fora el suo fazoleto e infassandoghe la man.

- Ma senti. - la interompi Libero che no riva più spetar - Sto segreto che no te rivi a dirme?

- Eco. Me son inamorada. De un che no lo sa ancora.

Libero ga un susulto.

- Ah!

- Un che me ga ama' de scondon, senza mai dirme gnente.

- Ah!!!

- Te fa 'sai mal?

- La man? No, no.

- Ghe vedo el desiderio fremer sui labri. El xe giovine, coragioso, bel...

- Bel?!

- 'sai bel. - conferma 'Genia, sognante - E son persa drio de lui. Però no ghe go mai parlado.

- Ah.

Libero no riva a crederghe. Tute le sue speranze xe finide in scovaze. Squasi rabiado el prova a insidiarghe el dubio.

- E come te fa a saver che anca lui xe inamora' de ti?

- Xe robe che se sa.

- E come el se ciama?

- Valerio Moras de Pontàfel.

- Pòntafel? - ziga Libero schifa' - Un furlan? Pezo de austriaco!

- Qua semo tuti austriachi. - puntualiza 'Genia risentida.

- Adesso xe cussì, doman chissà. Ma che furia che te ga, che furia de darte al primo che passa!

- Ah, se xe per quel no xe miga el primo che me fa le bele.

Libero stizi' prova de novo a convinzerla che un furlan no fa sicuro per ela.

- Ma se el parlassi come un mona? Se

el fussi un nane. Ti, propio una come ti, te se lo magnassi vivo.

- No, ste robe se le capissi! Xe un che ciapa la situazion in man, forte, altrimenti no me saria mai ciapada drio de lui.

- Ah. - Libero fa fadiga a trategnirse - E te me ga fato vegnir per dirme sta roba?

'Genia taca a farghe smorfiosezi e la ghe disi - Valerio xe iscrito al partito socialista friulano. Te sa che lori i la pensa come ti. E go senti' che lui volessi domandarte de far parte de la tua compania de omini, la Compania del Refosco.

- Come el ga savu' de la mia compania? - Libero se meti sul'atenti.

- No so. Sa tuti. - fa seca Eugenia - Mi de ste robe no me intrigo. Per mi, viva l'A e po bon. Insoma, so che i tuoi amizi rendi 'sai dura la vita per i novizi, sopratuto se foresti. E son un pocheto in pena per lu.

Libero la varda drito intei oci.

- E no te ga torto.

- Ma dopo gaverte visto cussì coragioso a darghe piade a quel mariner, tegnir testa a quei uficiai, eco, go pensà...

- Va ben. Lo traterò ben.

- Per bon, te gaverà un ocio de riguardo?

- Sì, sì. - taia curto Libero, visibilmente infastidì.

- Te starà 'tento che no'l fazi qualche sproposito inzingana' dei tui amizi?

- Va ben. Te prometo.

- Oh, quanto che te voio ben. Te son come un fradel. - ste parole se infila come un cortel nele rece de Libero.

- Grazie Libero. - la xe tuta un fremito - 'Desso go de andar. Dighe a Valerio che el me scrivi. Chissà che bele parole el ga de dirme. - e la va via, mandandoghe un baso de la porta. Lui se buta sula carega preparada prima, incagoia', restado solo col suo sogno disfa'.

Mulch sbuca col suo teston del'altra stanza per cucar, curioso come una simia. Vedendo Libero de solo el ghe fa - Libero! Posso? Come xe anda'?

- Vara Mulch... lassa perder.

- Dei, dime de 'Genia. La te ama?

- Te go dito de taser! - Libero lo varda mal e Mulch capissi el tiro.

- Va ben.

Libero se alza e se gira senza saver se restar o 'ndar via. L'amico, che sa ben come ciaparlo, de un mobileto tira fora una boza de nero e versa do biceri, de cui un più pien per lui e un a metà per Libero. Passandoghelo, el ghe disi - Te passerà la luna.

- Xe le sete de matina...

- Xe Refosco. - Mulch sa meio de chiunque come inzinganarlo e Libero, gnanca dir, se sluca subito el vin. - De là i miei amici poeti me disi che per Trieste ghe xe gente 'rabiada per quel tuo ataco a l'Austria.

- Te tachi de novo? - ghe disi Libero, minaciando de colpirlo col bicer svodo.

- Scoltime a mi che son amico tuo per bon. - e inveze de spaventarse Mulch ghe ciapa el brazo e, a malincuor, ghe meti in man el suo bicer pien, ciolendoghe quel svodo. - Lassa star ste idee de iredento. Soto l'Austria se sta ben. E po in fin dei conti gavemo anca 'bastanza indipendenza.

- "L'indipendenza" che gavemo xe solo un contentin per farne taser e magnarne in testa.

- A furia de far longhi con tuti te ris'cerà...

- E cossa?! - lo interompi Libero - Doveria far e dir robe de comodo tuta la vita per ingraziarme i potenti? No grazie. Libero son e libero voio restar. Vardar nei oci tuti e dir quel che penso.

- Se te va 'vanti cussì te sarà sempre Libero, ma in canon. - ghe disi Mulch senza gaver capi' de gaver fato una batuda.

- Lo ameto. Me piasi no piaser. - ghe rispondi Libero ridendo, che lui le batude sul suo nome ghe diverti 'sai, e po deluso continua - E me riesci 'sai ben.

Mulch lo varda inteneri'.

- Dime la verità. Ela no la te vol ben.

- Tasi! - ziga Libero infuria', andando fora dela paneteria sbatendo la porta, lassando solo Michele. Solo per modo de dir, perché no el fa in tempo a girarse che za se senti Carla zigar de l'altra stanza.

- Insoma, te li vol mandar via sti scroconi?

- Povera Musa, cossa me toca sentir. - comenta Michele, ma prima de andar de ela el se acorzi de gaver lassado per tera alcune dele sue poesie. Le ciol, le meti a posto e el ricomincia a decantar.

6. LA COMPANIA DEL REFOSCO

Libero, sconvolto del suo incontro con 'Genia, va nel'unico posto dove el pol 'ndar, dei suoi compari. Quei omini per lui xe come una famea. La compania del Refosco xe un grupo de scalcagnai che se ga stufa' za de tempo de far decider ai altri cossa pensar, dir e far. Libero no se pol considerar el capo, el xe solo el più stufo e el più rabiado. La compania de uso se trova in un piazal de Sangiacomo, no lontan de la paneteria de Mulch e Carla in Cavana.

La strada tuta in salita calma Libero. Riva' dei sui el se acorzi subito che insieme a Uto, un tra i più fedeli a la causa, ghe xe un mulo mai visto. Un mus de mona. Co i lo vedi rivar i ghe va incontro zigando - Dei Libero, contine tuto quel che xe nato!

- Eh muli, spetè un atimo. - ghe rispondi Libero.

- Dei che cussì sto furlan impara qualcossa! - disi Uto, ridendo e dandoghe un sburton al novizio.

A quel punto intervien el furlan.

- Prego?

El modo de parlar lo tradissi a la prima parola, i oci verdi, un mucio de cavei ciari, i denti perfeti fa el resto. Libero ga capi', xe lui Valerio. No pol esister tanti furlani bei. El longo silenzio preocupa Uto che meti in guardia el mulo novo: Libero lo varda tropo de storto.

- Scoltime a mi. - el ghe disi, metendoghe un brazo sula spala - Ghe xe una roba tra de noi de cui no bisogna parlar. Come parlar de corda in casa del'impica'.

- Sarebbe? - ghe rispondi Valerio.

- Vardime ben. - Uto se indica el naso, stando ben atento che Libero no lo vedi.

- Ciaro?

- Ah! Il...

- Tasi, mus! - Uto lo interompi prima che el possi finir - No bisogna dir! Basta una parola! Basta tirar fora un fazoleto per sufiarse el naso e xe come se te se preparassi el sudario.

- Grazie. Farò attenzione.

- Alora Libero... - lo incita Uto coi altri - 'sta storia?

- 'Ndemo in local e ve conto tuto. Go voia de un bon taio.

Una volta in local, co ga tuti el propio bicer, i ghe se meti vizin coi scagni per scoltar ben.

– Sì muli, ve conto. Stavo tornando casa per butarme sul paion. Iera scuro e anca se iera pien de stele no se vedeva...

- A un palmo dal naso. - buta là Valerio. Al che tuti se volta verso de lui, senza gnanca rivar parlar.

- Chi xe quel? - domanda Libero a muso duro.

- Son Valerio Moras de...

- Ah! - lo bloca Libero - Ti te son? Va ben... disevo: no se vedeva gnente. Me rampigavo su per via San Michele pensando che qualchidun me gavessi ciapa'...

- Per il naso. - continua Valerio.

- In odio... - continua Libero, cola vose strozada del futer - Me gavessi ciapa' in odio. E che sto qualchidun gavessi podu' esser 'bastanza forte de colpirme...

- Sul naso. - intervien ancora Valerio.

- De colpirme duramente... - va 'vanti Libero, sugandose el sudor dela fronte - Ma me fazevo coragio. E cussì vado 'vanti nel buio, quando qualchidun me dà...

- Una nasata.

- Mi la paro e subito me ritrovo...

- Naso a naso...

Al che Libero no riva più star fermo sula carega e sbati i pugni su la tola.

- Maledizion! Me ritrovo circonda' de marineri che spuzava de...

- Che naso!

- Tuti fora! Lassene soli. - ziga Libero, in preda ala colera.

El local, in cui ghe iera pochi aventori, se svoda, e l'oste no ga el coragio de uscir de la cusina. I resta soli, Libero e Valerio.

7. EL KUKURUZ CHE VIEN DE LA MONTAGNA

Libero supera la tola, ciapa el furlan pel bavero e lo alza dela carega. Valerio tira su le man per difenderse, ma no el fa in tempo a verzer boca che Libero slarga i brazi, poco convinto.

- Brazime, Valerio!

- Prego?

- Te ga coragio. Meio cussì.

- Volete spiegarmi, signor Libero?

- Dei, Valerio, son suo cugin.

- Di chi?

- Ma de ela!

- Ela chi?

Libero ghe rispondi zercando in tuti i modi de tegnirselo tra i denti.

- 'Genia.

- Voi, suo cugino?

- Secondi cugini. - lo coregi seco Libero.

- E lei vi ha...

- Dito tuto, sì.

- Allora, mi ama?

- Podessi esser. - el ghe rispondi ambi-
guo. Valerio ghe ciapa la man tuto con-
tento.

- Come sono felice di conoscervi! - Li-
bero no resisti, el ghe la strenzi de cative-
ria e lo zuca vizin per vardarlo ben.

- Xe vero, te son bel propio! - pensa ad
alta vose Libero, ma Valerio par no sen-
tirlo.

- Sior Brezigar. Sapeste quanto vi am-
miro!

-E tuti quei nasi de prima?

- Li ritiro!

Libero sbufa.

- 'Genia speta una letera. Scrivighe su-
bito, stasera.

- Non vedo l'ora. Una lettera, perfetto.
So parlare d'amore come nessun altro. - e
vardando el sofito, come se el fussi pien
de stele, el taca a decantar poesie all'aria
- "Lei che con quel volto d'angelo caduto
per errore qui tra gli uomini mi ha ruba-
to il cuore. Lei che con i suoi occhi rapi-
sce l'invidia della fanciulla più perfetta.
Ma basta ardire a pensare a lei. Che i miei
pensieri non intacchino la purezza della

quale gode."

Libero, scioca', lo ferma.

- Oh no!

- Che c'è?

- Go dito mi. El parla come un pampalugo.

- Pampalugo?

- Me sa che ti a furia de magnar kukuruz te se ga brusa' el zervel.

- Vi assicuro che nessuno meglio di me sa mettere i sentimenti su carta. I miei versi lasciano incantate moltissime fanciulle. - ghe rispondi Valerio, indispetido.

- Questo podessi andar ben per le babe dei paesi tui. Ma con le mule triestine ghe xe diferenza.

- Come, non capisco...

Con un enorme sforzo de pazienza Libero prova a spiegarse, parlando lento come se el parlassi con un muleto picio.

- Se te ghe parli ale triestine in modo sufistico come che te piasi a ti, le te varda malamente e le te fa serar in frenocomio a san Giovanni. Le triestine xe mule de pratica e no de filosofia, no le se va a cior un omo mamaluco. Le mule de Trieste le xe più omini dei omini. Le vol esser desiderade. Te devi scriverghe quanto che le xe bele, cossa che te fazessi se te le trovassi sole. E, se te ghe lo disi in triestin, xe meio.

- Ma come... - continua a no capir Valerio, ma Libero insisti.

- Zerto le fa le ofese prima, ma più le se rabia più te ghe piasi. Adesso te devi scriverghe come che te go dito.

- Non posso. Mi vergogno troppo.

- Te son una bronza coverta alora. Poco fa no te fazevi el timido. - disi Libero, infastidì.

- Ma con gli uomini è facile. Con le donne è tutta un'altra cosa.

- No sta far el pisson, orca!

- Non so parlare in quel modo a una donna.

Libero se va a ricior el bicer ancora pien.

- Se gavessi el tuo bel viso gavessi podu' parlarghe mi.

- Se sapessi prenderla con passione...

Al che a Libero ghe passa in mente un'idea. Libero varda Valerio, el vin, Valerio e ancora el vin. Valerio se varda la camisa pensando de gaverla sporca.

- Scolta. - ghe fa Libero - Te iuterò mi. Ti dame la tua beleza. Mi te darò el mio coragio.

- Ma che dici? - ghe domanda Valerio, che no ga capi'.

- Te son capace de ripeter quel che te digo mi? Insieme la faremo inamorar... te ghe sta?

- Ma Libero...

- Tanto te sarà ti che te se la sbrazolerà, te la baserà e indiferente... alora, te vol? Mi meto le parole e ti i labri! Mi a ti e ti a mi.

- Ma come faccio a scriverle? Lei vuole una lettera. E io non so parlare in triestino.

- Ecola la tua letera! - risolvi Libero, tirando fora la letera che el ghe gaveva preparado per 'Genia. Valerio la varda stupi'.

- Ma come...

- Ghe vol solo che te la firmi. Te ghe la mandi e xe tuto fato. E la xe in dialeto per de più.

- Così voi avete...

- Gavemo sempre in scarsela letere pronte per qualche mula. - spiega Libero poco convinto - La tegnivo pronta nel caso servissi. Tienla ti! Te vederà, sembrerà che la sia scrita aposta per 'Genia.

- Come ringraziarti, amico mio! Vado subito, mandi!

Libero sussulta e squasi spandi el vin.

- Eh, scolta...

Valerio, che iera za fora de la porta, se ferma e se gira soridente.

- Sì?

- Sta roba del mandi vedi de cavartela subito. No xe vista de bon ocio de ste parti.

- Certo, grazie! - Valerio fa de novo per uscir, ma Libero lo bloca.

- Eh, un'altra roba... - el ghe disi serio - Sta 'tento a su mama.

- La mamma?

- La signora Daniza Valentich. Se no te ghe piasi a ela, te ga fini' de viver.

- Certo! Grazie, grazie Libero!

Valerio esci de saltinman. El resto de la compania no pol creder ai sui oci, nissun gavessi scomesso che el furlan saria vegnu' fora con le sue gambe. I rientra de corsa nel local.

- Finalmente se pol parlarghe del naso! Libero, sentì che bela aria che tira? - disi

Uto sodisfato nasando l'aria - Ma sicura-
mente la gavè za sentida...

- Aria de stramusoni! - ghe rispondi
Libero, cazandoghe un per de s'ciafoni
ben assestadi.

El tempo de parlar de nasi xe za fini'.

PARTE TERZA

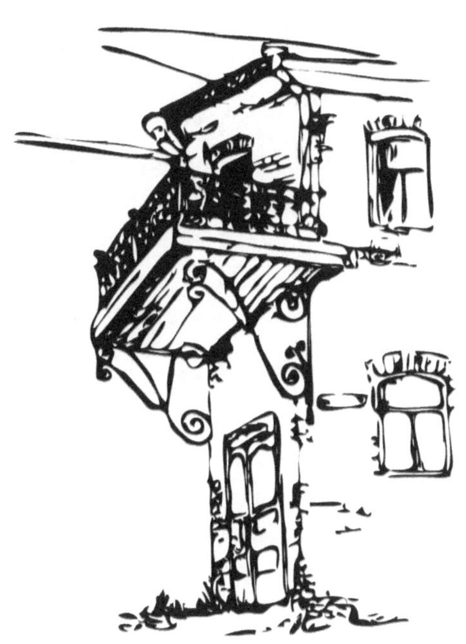

8. PREDICHE NO FA FRITOLE

Le ciacole, se sa, le cori, a diferenza dele bugie le ga le gambe longhe. La mama de 'Genia, la siora Daniza Valentich, la xe sempre sintonizada su radiobaba. Daniza sa tuto. 'Genia zerca de tegnirla fora de sui afari ma su mare ghe sta sempre 'presso e poche volte la la lassa sola. I sforzi de la mula a poco servi. La frase che Daniza preferissi xe "No servi che te me conti. Mi so tuto. Mi son striga."

- Mama, no state intrometer in robe che no te riguarda.

- Mia fia me riguarda ecome. - la stronca siora Daniza.

- Come te lo ga savu'?
La mama la la varda de sbiego.

- Se te lo volevi sconder te dovevi esser 'sai più discreta.

- Ma no ve xe gnente de mal. Ti e papaci ala mia età fazevi l'amor za de tre ani.

- Far l'amor no xe pecato basta farlo regolato.

- E po se te lo vedessi mama. El xe cussì bel, alto, forte, squasi biondo...

- Biondo?! - la sussulta siora Daniza, preocupada - No sta far l'amor coi biondi che xe tuti vagabondi. E per de sora anca foresto el xe.

- El vien de Pontàfel - ghe disi 'Genia, fazendo 'ncora pezo.

- Pòntafel! Un furlan? - ziga siora Daniza, spaventada - Cossa go sbaia' con ti? - la zonta pianzotando.

- No capisso perché te ga de farme tuta sta vita.

- Fia mia, ti te son giovine e sempia, come che iero anca mi a la tua età. Ma ai omini l'unica roba che ghe interessa xe colegarse in leto. - E, per meio apostrofar sta afermazion, la se fa el segno dela crose.

- Ma mama, coss'te disi? - ghe fa 'Genia, come scandalizada.

- Scoltime a mi, fia mia, che so - rispondi seca siora Daniza. - No te devi dimostrar de esser una facile. Altrimenti i se contenta de gaverte...

- Ma...

Siora Daniza va 'vanti, no scoltandola.

- Ma, se te li fa bazilar e te ghe entri nela testa, te vederà che no i poderà più viver senza de ti. E de note i devi insognarse de ti. Alora e solo alora te poderà concederghe le tue atenzioni.

- Ah! Se xe per quel no xe problema. Son brava in questo.

- Ti te credi, sempia. Go senti' come che te parli de lu. E se te continui cussì te farà ti la fine del perognoco. Vardime a mi. Son rimasta sola, col marì che me ga abandona' per corerghe drio a una più giovine. Da sola a cresserte a ti. No voio questo per ti. - Daniza se neta una lagrima con una straza de piati.

- Ma lui no lo fazessi mai! - tenta de ribater 'Genia - El ghe ga dito a più de qualchedun che xe come mato drio de mi.

- Mi quel furlan no me comoda propio. E me dispiasi 'sai veder che te ga poco giudizio.

- Perché te me fa radighi per ogni roba?

Davanti su mama la tornava come muleta, la fazeva i caprizi e la sbateva i pie per tera.

- Ti te son ancora giovine. No stà gaver furia de sistemarte che po la xe fata. E no se torna più indrio.

- Ma mama...

- Adesso prontite che dovemo 'ndar in cesa.

- No podemo andar dopo? Go dele robe de far.

La vose disperada de un omo che ziga interompi la discussion.

- 'Genia!

I oci de siora Danica se impinissi de fogo.

- Chi xe che ziga?

- Devi esser Mulch el panetier. - rispondi 'Genia riconossendo la vose. - No savevo che el doveva passar.

- Bon, mi vado. - taia curto la mama - Vedi de sbrigarte 'desso. Dio no ghe vol ben a quei che riva tardi. Ricordite! - la concludi incaminandose.

- Sì, mama. - ghe rispondi 'Genia, controlando che la vadi via per bon. - Crodiga! - la esci sul pergolo e la se ritrova Mulch mezo distirado per tera, carigo, con le ganasse segnade dei lagrimoni.

- Cossa nassi, Mulch? - ghe disi 'Genia

tuta in ansia. - Che mufo che te vedo!

- Mufo?! - el sospira e el singhioza - Carla... la xe scampada con quel militar. Alora me son buta' con un scoio zo del molo San Carlo.

- Con un scoio! Come san Giusto!

- Finché no xe riva' Libero a tirarme fora.

'Genia lo varda con aprension.

- Come mai gavè prova' a 'negarve?

- Mi no voio amar più babe.

Tutintun se senti siora Daniza zigar de in fondo la strada.

- Te ga fini' de ciacolar?

- Scendo mama! - e la se rampiga zo del balcon. La xe 'bituada farlo, xe cussì che la scampa de casa co su mama dormi. Mulch intanto resta incocali'.

- Contime svelto, Mulch.

- Libero me ga dito de vegnir de voi a spetarlo. El xe anda' a zercar sto militar austriaco per vendicarme. Mi ghe go dito che no...

- Ma mi go de 'ndar in cesa con mama. Vignì con noi, Mulch.

- No, mi in cesa no vegno. Andarò in paneteria a impastar el pan. Quel 'iuta sempre. - e come el iera riva', cussì el va via, barcolando.

- Dei Mulch, no stà far cussì. Te sa che le babe triestine le xe tute mate.

Ma Mulch no la senti. El xe za lontan. Rapido, per un cussì carigo.

Eugenia la cori zo per la discesa zercando de ragiunger sua mama. Za la senti le parole del prete nela predica co la riva tardi "una giovine dedita ala perdizion e ala perdita de tempo". Sto giro la xe rivada prima de l'inizio, ma questo no la risparmia de Daniza che ghe tien el muso fin dopo la messa, anche una volta rivade casa. Ogi po no xe pase in quel de Bis'ciacovez.

- 'Geniaa! - un altro omo ziga de soto el porton de Daniza. 'Genia, riconossendo su cugin, cori subito in balcon a farlo star zito, prima che su mama fazi tremar tuto el monte coi sui urli.

- Libero! Coss'te fa qua? Speta, vegno zo... - sto giro, de brava signorina, 'Genia usa le scale e la porta. - Go visto Mulch prima, povero.

- Te lo go manda' qua mi. Come mai no el xe qua a spetarme? Go sistema' le robe con quel militar austriaco.

Ma Libero, capindo de esser solo con ela, aprofita per domandarghe quel che el voleva saver de giorni.

- Visto che semo soli, volevo domandarte se el tuo amor xe sempre cussì perfeto.

- Ah sì! Bel e passionale. Senza mace.

- Valerio? - disi Libero zercando de trategnir la ridada. - Passionale?

- 'Sai roba! - insisti 'Genia.

- Ma no! - Libero se finzi sorpreso.

- Inveze sì. No xe che se un xe bel el xe per forza un pampalugo. Qualche volta in efeti el xe un fià perso. Ma po per quel che'l scrivi el par perso solo che de mi.

'Desso Libero no riva più tegnirse. La letera, tute quele parole che lui ga scrito per ela, pensandola con ardor, la gaveva emozionada. Zerto, no come gavessi volu' lu. Ma quel che lu vol 'desso xe saver cossa che pensa ela legendo i sui pensieri.

- El sa scriver? Te piasi quel che'l scrivi?

- Altroché! El xe un fiatin spinto qualche volta, ma qualsiasi mula 'ndassi insieme se legessi quel che'l scrivi. Scoltè: "El giorno che che to go visto e che te me ga ciolto el cuor, me go promesso che te gavessi ciolta tuta." Ahhh, che ardor, cossa te par?

- Me par che azardi. - finzi Libero, tuto contento.

- La tua xe tuta gelosia!

Libero salta in aria de colpo.

- Cossa?! - come la pol saver quel che lu senti, el se domanda tra de lui.

- Gelosia de poeta - continua 'Genia, no dando bado ala sua reazion. - Un furlan sa scriver meio de ti. 'Speta: "Se podessi mandarte i basi per iscrito, volessi che la carta fussi el tuo corpo!". Che omo! Me vien i brividi.

- No xe altro cossa dir. Xe un vero cotoler.

- Xe un maestro!

- Un maestro... - ridacia Libero. Ma 'Genia ribadissi ferma - Un maestro!

- Va ben, come che te vol ti. Un maestro.

- Se te vedi mama no dirghe gnente! E gnanca a Valerio.

- Mancassi altro.

'Genia fa per rientrar, po la ghe ripensa e sula porta la zonta - A Valerio inveze dighe de spetar che mama dormi stasera. Se no no posso gnanca venir fora in balcon per vederlo.

- Certo.

- Però...

- Shhhhh... - i fa insieme, fazendose segno de intesa.

'Genia entra serandose drio la porta. Resta' solo Libero sospira felice, un come lu no xe abitua' a sta sensazion. Infati no la dura 'sai, el pensier de Valerio lo riporta al suo solito umor. Stufo, el se incamina verso el solito local. Dove pol andar un furlan a trovar l'ispirazion? In local con un bon bicer in man, come che faria un triestin.

Valerio, infati, xe sentado in local, una pena in man, con cui scarabocia su un foieto, e un bicer svodo vicin. Libero lo vedi, varda el bicer e capissi che cicio no xe per barca: el bevi bianco. 'Desso però ga de parlarghe de 'Genia, al vin el penserà dopo.

- Valerio, te zercavo. So quel che servi...

- Cosa? Dimmi, sono disperato. - Valerio straza subito el foieto che ga in man.

- Un bel bicer de nero! - Libero se rivolgi al'oste - Jure portine un quartin de nero.

- Ma io bevo bianco.

- No più. 'Scoltime ben, 'desso te imparo mi cossa dir. Cavite quela musagna, xe l'ocasion bona! 'Genia vol vederte stasera.

- No. Libero, non bevo vino rosso.

L'oste poza la carafa con do biceri. Valerio vedendo l'ociada de Libero ciol el bicer e bevi.

- Ah bon.

Valerio tira zo a fadiga el vin e el ciapa coragio.

- Sono stanco di prendere a prestito le parole. So che mi ama. E quindi mi amerà per come sono. Grazie di tutto. Voglio parlarle da solo.

- Capisso. - disi Libero fazendo un passo indrio.

- Chi ti dice che non ne sia capace? In fondo, non sono mica un cretino. - Libero no riva a trategnir le ridade e Valerio continua fiero - Mi è servito quello che mi hai detto.

- Se te son sicuro cussì... vederemo come che te la fa tua.

Ciapado da novo coragio, Valerio se alza in pie e l'esci a passo svelto del local.

- A sta sera. Mandi!

- Se te savessi... dove che te mandassi mi.

9. UN CAZIUL DE JOTA

Xe note, el ciel xe limpido, pien de stele. La luna xe cussì granda e bela che la par un fanal, per tanta luce che la fa. Tuto tasi, tuti dormi, anca siora Daniza. 'Genia, dopo gaver controla' su mama e gaverse 'sicurado che la dormi, la esci in balcon de casa. Valerio xe za de un'ora che la speta, in corte, e no se ga acorto de no esser l'unico. Co la vedi la ciama con vose suadente.

- Eccola. Eugenia... Eugenia...

Ma 'Genia no lo senti. Alora Valerio ziga - Eugenia!

- No sta zigar che mama dormi. - sussulta 'Genia - Ah, sè voi! Che sorpresa sior Moras. Da solo sè? Volevi dirme qualcossa? - la domanda, fazendo finta de no gaverlo ciama' ela.

- Sì.

- Parlè. Ve scolto.

Valerio, dopo gaver verto a svodo la boca do volte, el se fa coragio e el ghe ziga - Io vi amo! - e lo ripeti più pian per no farla rabiar - Io vi amo.

- Per bon? No savevo. Parleme d'amor alora.

- Oh quanto vi amo. - continua Valerio.

- Sì, go capi'. E dopo...

- Io vi...

- No parlè più el dialeto? - lo interompi ela cominziando a stufarse.

Alora Valerio se fa coragio e el zerca de parlar in triestin.

- Io vi amo, un subissimo.

Sentindo quel'oror 'Genia se poza delusa sul parapeto del balcon.

- Non vi basta che vi amo? Eugenia, ditemi... diseme di amarmi!

- Ma diseme cossa che ve provoco.

- Amorr... tanto amorr.

- Vado a veder se mama dormi o se la se ga sveia'. - la ghe disi a lu, e tra sè - con sto slancio me indormenzo anche mi.

- Ma io...

- Me amè, so so. - la torna drento, sbatendo la porta infastidida.

In cortil vizin de Valerio compari Libero, diverti'.

- Beh, xe anda' ben no?

- Libero! Aiutami. - ghe disi Valerio butandose in genocion.

- No.

- Se non ritorno immediatamente nelle sue grazie, impazzisco.

- Mi te go visto sicuro del suo amor.

- Ti prego, aiutami! - continua a lamentarse Valerio - Guarda! La sua finestra! Mi sento morire. - el ziga rodolandose per tera.

- Parla pian che la ne senti. - insisti Libero.

- Morire. - ripeti Valerio più pian. E intanto el taca a pianzer.

- Se la te senti pianzotar sicuro no la vien fora. - ma a sentir quele parole, Valerio taca a pianzer più forte.

Al limite dela disperazion, Libero ghe disi - Bon bon. Metite là e lassime parlar a mi.

- Ma...

- Ti tasi! - insisti Libero. - E lassime parlar a mi! Ciamila!

- Eugenia! - singhioza Valerio.

- No co' sta aria de pianzoto! - lo riprendi Libero.

Valerio ripeti più convinto - Eugenia!

In quel 'Genia torna fora.

- Chi xe? - la domanda rabiada.

- Io. - rispondi Valerio, poco convinto.

- Io chi?

- Valerio.

- Ah, ti te son. - la ghe disi, squasi infastidida.

- Vorrei parlarvi. - la vose ghe trema.

- No. Go de far. Andè via. - taia curto 'Genia.

Ma prima che la situazion precipiti, intervien Libero, zercando de far el verso a Valerio.

- Me mandè via senza saver quanto che ve voio.

- Senti, senti... ve scolto.

- Podessi scampar de l'inferno pur de tornar a veder le tue forme, dana' de mula. - continua Libero.

- Sfrontato. Disè che son una danatrice?

Valerio volessi intervenir, ma Libero ghe fa segno de taser.

- No parlè più? - insisti 'Genia.

Libero libera tuto quel che gavessi sempre voludo dirghe.

- Penso a cossa te faria se te gavessi tra

i brazi.

- No penserè miga de salirme in casa? - ridi 'Genia, finzendose scandalizada.

- Te me ciapi a male parole? Alora te piaso.

- Xe quel che pensa tuti i omini dele mule. Se ve disemo de sì o de no no fa diferenza.

- Ma con mi te gavessi dovu' difenderte meio.

- Pensè che sia facile? Alora vegno zo e vedemo quanto son facile. - disi 'Genia zercando una scusa per vicinarse.

- No! - rispondi Libero spaventa'. El se faria becar.

- Come... no? - domanda 'Genia.
Libero no pol ris'ciar.

- Lassè che la fantasia la svoli ancora tra de noi. Cossa xe più bel del pecato se no sognar de pecar...

Al che 'Genia, finzendo de novo un timor cristiano la disi - Bel'omo che sè! Volè far pecar cussì una giovine: Vergogneve! - la se acorzi de gaver parla' come su mama e la vol refar ma Libero no ghe da el tempo.

- Xe colpa de quel che provo per ti, nissuna me lo ga fato provar.

- Frase che gaverè dito a tute quele prima de mi, le tante che gaverè gavu'. - lo meti ala prova 'Genia.

Ma Libero rispondi franco.

- No, mai. Sul mio onor.

- Onor, de pecator. - 'Genia continua stuzigarlo.

- Ga forsi onor i angeli? L'unico merito che i ga xe de no gaver mai fato gnente.

- Gavè una vose diversa.

Libero e Valerio se varda, el teror nei oci. Libero se s'ciarissi la vose.

- Perché... al buio te parlo col cuor in man. So che de quando te me conossi no te se da pase e te me brami. - el truco par funzionar.

- Me gavè scambia' per un libro che pensè de legerme cussì ben? - continua 'Genia.

- Se te fussi un libro gaveria za consuma' le pagine a furia de legerle.

In quel, a Valerio ghe ciapa squasi un s'ciopon, el ciapa Libero pel brazo e el ghe disi in orecia - Non ti pare di esagerare?

- Fidite de mi. La xe za cota. - lo rassicura Libero a bassa vose.

- Alora, te me ami per bon. - continua

'Genia del balcon.

- Con la vose te podessi mentir. - ghe rispondi Libero - ma xe el mio corpo che me sofiga. No el pol più star senza de ti. E per ti xe istesso. Lassa che el tuo desiderio sia... Libero. - el ghe disi, no rivando trategnir la batuda. A Valerio no ghe piasi e el ghe mola una bruta ociada a Libero.

- Basta, te me stordissi... - 'Genia lo ferma.

- Alora lassa che sia mi el vin che te stordissi, lassite andar. Te chiedo solo...

- La mano! - intervien rapido Valerio.

A 'Genia par ciaparghe un cocolon, tanto che la ziga - Te vol sposarme?!

Ma per fortuna Libero ciol de novo in man la situazion.

- Sì... mi... - e rivolto a Valerio, sotovose, petandoghe una pel copin - Te vol rovinar tuto?

- Volevo cogliere il momento. - soridi lu.

- Valerio! Alora? - insisti 'Genia, rimasta sola. Cussì Libero riprendi.

- No 'Genia, no te me ga capì. Lassemo le zerimonie a preti e frati. Quel che volevo iera la tua man, ma per poderla basar, strinzerla su de mi, farme carezar.

- Tasi! - lo interompi ela seca e po con vose dolze la concludi - Vien su...

Libero sospira mufo e ghe disi a Valerio - Movite... sali!

- Ma non stavamo correndo troppo?

- No stà provar a esitar. Sali! - e lo sburta soto el lampion. Alora Valerio prova a rampigarse su pel balcon, ela la lo zuca su pel brazo e lo basa con passion.

- E cussì. Lori i fa pranzo, zena e marenda e a mi me resta le fregole. Ma in fondo xe come se fussi le mie parole a basarla. - se la conta Libero, vardandoli del scuro.

Ma anche el sogno de amor finissi, de drento la casa se senti un rumor e 'Genia subito se staca terorizada.

- Valerio, sta per rivar mia mama. Scampa via!

- Ancora un bacio, Eugenia. - insisti Valerio.

- Un'altra volta. Se la ne beca no te poderà gaver mai più basi.

Sporzendose per iutar Valerio a scender, la se corzi de Libero.

- Ma... Libero, coss'te fa qua?

Libero, senza saver cossa inventarse, balbeta - Mi... passavo de qua... Valerio, anca ti de passagio?

- Libero c-carissimo!

- Torna ala compania. I ga bisogno de ti. - ghe ordina Libero.

Subito. - ghe rispondi Valerio scendendo del balcon con un salto e rodolando per tera. E, rivado davanti de Libero, el ziga - Mi ama!

El suo entusiasmo no ga freni, e cussì l'incomincia a cantar:

"Com'è gentil, la notte a mezz'april,
'Genia crudel mi vuoi veder morir. Poi
quando sarò morto piangerai..."

Libero ghe fa segno de star zito, ma Valerio continua:

"Ma richiamarmi in vita
più non potraaii!"

In quel, una bela seciada de aqua ghe riva giusta indosso.

- Chi ga mal de panza!? - ziga siora Daniza dela finestra, ancora col secio in man. Po no vedendo nissun la torna drento.

- Mi ama, mi ama. - cantilena Valerio scampando via.

- Oh Libero! Mama ogi ga fato jota. - disi 'Genia passando de pal in frasca. - 'Speta, te porto un caziul.

10. SBARI A SARAJEVO

Libero resta solo un atimo, coi sui pensieri. Ma veramente un atimo, perché in quel se senti zigar qualchidun.

- Libero!!!

- Mulch? - de lontan, Libero vedi Michele salir malamente su per la salida, strassinandose drio la panza. - Coss'te fa de ste parti, a sta ora?

- Te zercavo. - ghe disi Mulch, zercando de ciapar fià. - Nassi... nassi che...

- Ciapa fià e dime, orca matina!

- I ga... i ga da' notizia che a Sarajevo i ga maza' Francesco Ferdinando! - Mulch disi a machineta.

- Come?

- Cossa? - domanda 'Genia, uscindo de la porta con el pignaton de jota in man tuta preocupada.

- Quel che ve go dito. Un serbo ga copa' lu e la molie Sofia.

- Sofia! - ripeti 'Genia disperada.

- I disi che con questa s'cioperà la guerra. - disi Mulch seco e 'Genia se fa un vistoso segno de la crose.

- Remenghis! - comenta Libero in preda a l'emozion. - Cori ad avisar la compania. Xe el momento de agir.

- Vado...

Libero, restado solo con 'Genia, el ghe ciapa le man tra le sue, con tuto el pignaton de jota, e con emozion el ghe disi - Se i vol la guera i la gaverà, ma noi contro de lori.

- Ma cossa, per bon in guera volè andar?

- No spetavo altro, 'Genia. - disi Libero, convinto de no gaver più gnente de perder. - Xe l'ocasion giusta.

- Te prego, no stà, no propio 'desso.

- Te sa ben che no xe possibile. Son stufo de tuti sti austriachi che se senti paroni a casa nostra.

'Genia, capindo, ghe zuca via el pignaton cavandose dele sue man.

- Alora prometime che Valerio no corerà ris'ci.

- Farò el possibile... ma no posso...

'Genia insisti. - Che el sarà fedele!

- Ghe proverò ma... - ameti Libero poco convinto.

- Che el me scriverà!

- Questo sì. - disi Libero cambiando tono - Te lo prometo! A remenghis l'Austria-Ungheria. La Compania del Refosco ve manderà a casa a piade!

Libero se avia convinto verso i compari, pronto a 'ndar a morir per esser libero. Ma 'Genia tuta preocupada lo ferma, zigando.

- Libero!!!

I due se varda, i se varda in un modo che a Libero ghe par diverso de tute le altre volte. Forsi la sa, forsi ghe xe speranza. 'Genia ghe mostra el stagnaco che la ga in man.

- La jota!

PARTE QUARTA

11. LETERE DAL FRONTE

Come tuti sa, la guera xe rivada e no la xe mai stada cussì bruta. Nei libri la grande guera par sempre una roba grandiosa, giusta. Ma no qua, qua xe sporco, fredo, pipiu e fame. I compari dela compania del Refosco xe sconti vizin a una strada dove dovessi passar una guarnigion austriaca. O cussì par. Uto xe con un altro su una veduta come, de dove i tien de ocio la situazion. O cussì i tenta, in considerazion che quel dormi e Uto se lustra el fucil. Ma co i senti qualchidun caminar poco lontan de lori Uto se ruca in pie come un s'ciopo e in freta e furia el ciol el fucil in man, ma ala riversa.

- Chi va là? - ziga Uto, sveiando el compare, che senza pensarghe do volte se buta drio un pieron.

- Libero! - rispondi una vose. Uto se giusta el fucil e nel scuro del primo matin zerca de veder qualcossa, e in efeti no xe nissun.

- Vedo che xe libero, ma ti chi te son?

- Mi son Libero! - ghe rispondi Libero apunto, rivandoghe ale spale. A Uto ghe ciapa quasi un cocolon e girandose ingrugnì el ghe disi - Ma do' te ieri? Te son feri'?

- Te sa che i ga deciso de no colpirme mai. - fa Libero sbrufon.

- Te son fora coi copi. Come te pol ris'ciar la vita ogni matina per una stupida letera?

- Go promesso che gavessi scrito, e mi scrivo.

Libero se fa strada tra i compagni. Qualchidun dormi ancora, solo Valerio per dirla tuta. Libero no pol far a meno de vardarlo.

- El dormi... el par morto. Anche cussì suto e paliduz el xe comunque bel. Se ela savessi che'l mori de fame. - Libero ghe se cucia vizin.

- Ris'ciar ogni matina la vita per portar una... letera. - sussura Uto tornando verso la vedeta.

- Perché te camini cussì? - ghe fa oservazion Libero. Uto se gira e, no rivando a trategnirse, ghe rispondi - Go qualcossa che me pesa sui pie.

- Cossa?

- El stomigo!

- Ghe ne go un uguale.

- E no te pesa?

- No, me alegerissi. - ghe disi Libero, zercando de farlo rider.

- Scolta, go la panza zucada come un tamburo. - rispondi Uto, batendose con una man.

- Lo useremo per sonar la carica.

Uto no gradissi e taia curto.

- La fame me inervosissi e no rivo più soportar le tue batude.

- Mi volessi morir cussì. - disi Libero convinto - Disendo una batuda per una bona causa. Colpido de un nemico che ne sia degno, lontan del leto de mala'.

Ma Uto insisti - Go fame! -. Lu e qualche altro ga perso la motivazion dopo mesi de fadighe.

- Ma no pensè altro che a magnar! - s'ciopa Libero, perdendo la voia de rider. - Sti fis'ci, sentì sti fis'ci? No xe la guera. Xe la Bora che fa burasca in golfo. Sti s'ciopi xe la Bora che sbati i scuri dele case. Questa xe Trieste!

El discorso par far el suo, più de qualchidun se alza in pie, con qualche lagrimon.

- Te vol far pianzer tuti? - ghe fa oservazion Uto.

- El magon che sentì xe più triestin de noi. Pensar a Trieste ne impinissi el cuor, che xe 'sai meio che impinirse la panza. E po xe importante gaver ciaro per cossa semo qua, a ciapar fredo e ris'ciar de morir. E noi lo femo per Trieste libera. Uto, come semo messi? Dove xe sti austriachi?

- Me xe pena riva' notizia. I xe a un'ora de strada de noi.

- Prontemose. Li dovemo far saltar per aria.

El compagno Uto esegui l'ordine e el cori a preparar le armi. Libero intanto zerca de sveiar Valerio.

- Valerio?

No otegnindo risposta el ghe ziga intel'orecia - Valerio!

Valerio se meti senta', el ciapa Libero, e coi oci ancora serai ghe caza un baso.

- Eugenia!

- Ma cossa Eugenia! Xe el momento! I austriachi xe vizini! - Libero ghe peta un per de papini per sveiarlo.

- Libero, l'ho sognata, come vorrei dirle addio con una letera!

Libero tira fora de scarsela un per de foi, tra questi ghe ne scegli un con atenzion e ghe lo da. Ecola, una bela letera, za scrita e tuto el resto.

- Go scrito mi per ti.

- Fa vedere! - Valerio la verzi per legerla, ma qualcossa no ghe bati.

- Che strano...

- Cossa?

Valerio ghe indica un punto nela letera.

- Questo piccolo cerchietto sulla carta...

Libero ghe strapa la letera de man.

- Qual cercio?

- È una lacrima. - Valerio ga capi', dopo un mucio de tempo, ma ga capi'.

In quel, de lontan se senti rivar una caroza, nitrir de cavai e qualchidun che tira de rivoltela.

- Chi va là? - salta su Libero - Chi sbara?

Compagno Uto ghe fa moto de lontan col fucil in man, zigando - Xe una caroza austriaca!

- I xe in anticipo. - disi Libero coren-
do. Valerio, dopo un atimo de esitazion,
lo segui.
- Pronti a far fogo! - ordina Libero ai
muli distiradi coi fucili.
- El cucer ziga: "Servizio del re!".
Libero se stupissi.
- Come, del re?!

12. REFOSCO, AMOR E FANTASIA

- Del'unico vero re: Refosco! - ziga una vose de dona. A Libero e Valerio quela vose no ghe xe nova.

- 'Genia?!

Libero fa segno ai compari de molar i fucili. 'Genia, smontando de la caroza, la ghe disi - Sta vostra gita xe tropo longa per i miei gusti!

Ma Libero no la fa gnanca finir e la ciol de parte in malo modo.

- No te pol star qua.

- Sì che posso! Me gavè anca sbarà contro!

- Ma come hai fatto? - zerca de dir Valerio.

- A rivar fin qua? Semplice. Son passada cola mia caroza. Caroza austriaca savè... e se qualche militar me fermava, mi tiravo fora el mio più bel soriso e questo me fazeva passar. Se me domandava dove che iero direta mi ghe disevo "A salvar vite". E se sa, nissun sbara contro i dotori.

- Devi andartene di qui. - insisti Valerio, preocupado.

- E chi lo disi?

Libero, sai più fermo de Valerio, intervien - Mi digo e subito! Senza perderte in ciacole. - e ciapandola per le spale el zerca de rifracarla in caroza.

- Son pena rivada. Mi no me movo. - 'Genia se cava dele man de Libero e la se senta per tera a gambe incrosade.

- Fra meno de un'ora... - ghe disi Libero zercando le parole.

Valerio zerca de iutarlo.

- Noi tutti potremmo...

- Se stè per combater mi resto! - li bloca Eugenia, sicura. Ma Libero ghe disi franco - Podessimo no sopraviver.

- No me interessa! Resto.

Libero xe strani', no'l se spetava.

- Chi gavessi mai dito. Soto soto scondè del coragio.

- Sior Brezigar, son vostra cugina. - ghe rispondi 'Genia. I se soridi, lori do se ga sempre capi'. Libero no resisti, la fa restar e el ghe da una man ad alzarse.

Valerio se meti de mezo tra lori, la braza e ghe disi - Sei ancora in tempo: cambia idea!

- No! Voio star qua. Me xe vignuda fame. Volessi un poca de jota calda e del bon vin. Me bastassi questo. Se pol gaver? - domanda 'Genia.

Qualche compagno la manda a remengo, qualchidun altro se morsiga la maniga. Libero e Valerio se varda.

- Tutto qui? - ghe domanda el secondo, imbaraza'.

- Dove 'ndemo a cior ste robe? Te pensi che semo in osteria? - Libero se infastidissi, qua bisogna pensar ai austriachi, no a magnar.

- Nela mia caroza.

- Che?!

- Cossa?!

- No sta far la remenela.

- Va remengo.

- Vardè el mio cucer più de vicin. - fa ela.

Libero va vardar, drento in caroza xe un omo curto con un capoton tropo picio, e un capel che ghe scondi el muso.

Anca tuto coverto Libero riconossi el suo amico.

- Ma xe Mulch! Mulch!

- I austriachi iera tropo ocupadi dela mia beleza, che no i ga fato caso al cogo! - conta 'Genia. - Go portado jota calda e bon vin. Vado a cior e magneremo tuti insieme come che se devi.

- Eugenia...

- Dopo Valerio, dopo parlemo...

'Genia torna nela sua caroza a ingrumar le robe che la ga portado, lassando Libero e Valerio de novo soli. Libero no xe seren.

- Valerio, devo parlarte. Se trata de 'Genia.

- Sentiamo.

- Se la te parlassi dele letere, no mostrarghe che no te sa...

Libero zerca de parlarghe e dirghe come che sta le robe, ma Valerio no lo iuta.

- Che non so cosa?

- Orca, xe cussì una monada, ghe go pensà solo 'desso che la vedo. Ti te... te ghe ga scritto... più de quel che te credi.

- Come?

- Ghe go promesso che te ghe gavessi scrito... cussì qualche volta ghe go scrito senza dirte.

Valerio no ghe sta, no'l vol più esser el lole de turno, el vol saver.

- E quante volte le hai scritto per settimana? Tre, quattro?

- ... De più. - balbeta Libero.

- Tutti i giorni?

- Sì, tuti i giorni... do volte.

- E questo t'inebriava a tal punto da farti rischiare la vita ogni giorno...

- Zito! No davanti de ela! - lo bloca Libero, vedendo tornar 'Genia. Come el ga sempre fato, el se fa de parte. Eugenia ghe cori incontro a Valerio.

- Eco, desso te me pol basar!

Valerio volessi parlar, ma no el riva resister, xe mesi che no i se vedi.

I se dà un baso pien de passion, un baso che entrambi se sognava.

- Perché sei venuta qui? Rischi la vita.

- Per le tue letere. - ameti 'Genia.

Valerio resta stupi'.

- Sul serio?

- Le me ga fato girar la testa! Le xe una più bela del'altra!

- Come? Per qualche letterina d'amor...

- Tasi! - ghe disi ela, strenzendolo forte - Oh! Ti no te pol saver. Leger ste tue letere xe sta' come sentirte parlar ancora, come soto el balcon de casa. Xe per ti che son vegnuda.

- Ma io non volevo... - disi sincero Valerio, ma 'Genia continua.

- Legevo, rilegevo... tute quele parole decise, passionali, sincere...

A Valerio ghe bati in testa el dubio.

- Sincere? Ogni parola, vero?

- Ogni parola! Te chiedo scusa Valerio, per esserme inamorada de ti solo per la tua beleza.

- E ora?

- Desso no, desso te amo per le bele parole che te me ga scrito!

'Genia, ciapada del momento, con ancora le sue letere a impininghe el cuor, fa per basar Valerio, ma lu se cava malamente.

- Io non voglio un amore così. Io, io voglio essere amato più semplicemente per...

- No te capissi gnente! Xe come che te amo adesso che val! Adesso te ameria anca se te fussi bruto!

- Eugenia! - prova a fermarla Valerio, zercando a tuti i costi de no sentir.

- No te son contento?

- Sì... - ghe disi Valerio, cola vose sofigada in gola. Ormai el dubio che tanto ghe bateva in testa xe diventa' realtà nel suo cuor.

- Coss'te ga?

- Niente. Il mio amore ti fa trascurare gli altri. Va a sorridere anche a loro. Presto moriranno forse.

- Valerio caro... - ghe sussura 'Genia, e dopo gaverghe fato una careza la lo lassa solo. In fondo, se sa, la guera cambia i omini.

Valerio sa cossa el devi far, el cori senza esitazion de...

- Libero!

- Cossa nassi? Valerio! Te son 'sai palido!

- Non mi ama più.

Per un atimo Libero no capissi.

- Come?

- Ama te.

No xe el momento de scherzar.

- Ma no!

- E anche tu l'ami. - Valerio ghe dimostra de gaver capido qualcossa de più de quel che par - Lo so.

Tuto quel che de ani Libero se gaveva tegnu' drento ghe s'ciopa in peto, e no ghe resta che ameter.

- Come un mato.

- Diglielo. - insisti Valerio.

- No!

- Perché?

- Vardime ben in muso!

- Eugenia mi amerebbe anche se fossi brutto.

El cuor ghe bati in gola, Libero a fadiga riva dir - La te ga dito questo?

- Poco fa.

- Me fa piazer che te lo gabi dito. - ma lu no se fa ilusioni, lu sa come va le robe - Ma lassa perder ste monade. Lo gaverà anche dito, ma no bisogna ciaparla in parola...

- Voglio vedere! Che sia lei a scegliere. Dille tutto!

- Go dito de no! Basta tazarme l'anima! - Libero fa per andar, ma Valerio no se lassa intimidir, no sta volta.

- Dovrei impedirti d'essere felice perché sono bello?

- E mi dovessi negarte l'amor perché rivo a dir quel che forsi te senti anche ti?

- Voglio essere amato per come sono oppure niente. Vado a dare un'occhiata in giro. Tu nel frattempo parlale e vediamo chi sceglierà.

- La te sceglierà a ti. - ripeti Libero.

- Lo spero. Eugenia!

- No! Speta! - Libero no xe pronto a confessarse con ela, ma Eugenia ormai xe za là, tuta soridente.

- Cossa xe? - la ghe domanda a Valerio.

- Libero deve dirti una cosa importante. - e senza zontar altro, Valerio se ciapa e va via.

- Una roba importante? - domanda 'Genia, preocupada.

- Gnente... el se la ciapa per ogni monada. Te ga visto anche ti.

Libero no sa cossa inventarse, ma 'Genia lo cava del'intrigo.

- Forsi no el credi a quel che ghe go dito.

Per quanto el se sforzi, Libero no riva a liberarse de quela sensazion.

- Ma te ghe ga dito la verità?

- Che lo amassi anche se el fussi... - 'Genia no ghe la fa a continuar.

- No te rivi dirlo visavì de mi... anca bruto? Disi, no me dispiasi.

- Sì, anca se'l fussi bruto.

El momento de parlaghe xe rivà, Libero verzi la boca e se senti un sparo de lontan.

- Libero, i ga sbarà! - ma Libero no senti quel che sucedi, lui senti solo quel che i oci de 'Genia ghe fa in stomigo.

- Anche mostroso?

- Sì.

- Ma te lo ameria? - insisti Libero.

- Anca de più!

- Senti 'Genia... - i genoci no ghe tien.

13. LIBERO

El xe per tera distira' morto, el sparo austriaco lo ga colpi' ala testa.

Michele xe el primo a trovarlo, bisogna corer avisar i altri.

- Libero! - ziga Mulch dispera'.

- Cossa xe? - rispondi seco lu.

Mulch ghe se avicina al'orecia dandoghe le spale a 'Genia.

- I ga sbara' contro Valerio.

Preocupada, 'Genia sposta Mulch e domanda - Cossa nassi? Fazo parte anche mi dela compania desso, no voio che me scondè le robe.

- Xe finida. - barbota Libero scassando la testa, no el riva più a reagir. Se senti altri spari, sempre più vizini. Sta volta anche i omini dela compania del Refosco rispondi al fogo.

- I sbara, ancora? - se agita 'Genia.

- No poderò più dirghe gnente.

Libero se ga prepara' per mesi a quel momento, xe rivadi i austriachi, xe de vinzer o morir. E Lu no riva gnanca a sparar, lu xe za morto con Valerio. Desso no'l pol più dirghe a 'Genia che le parole iera sue e no de Valerio. No el ga più gnente de perder.

- Cossa nassi là zo, Libero?

- Gnente 'Genia... i austriachi xe za qua.

In compania xe un gran remitur de gente, chi cori, chi spara, chi scampa e za riva i primi feriti, strassinadi lontan del fogo.

- Quei omini...

- Vien via! - ghe intima Libero a 'Genia, stratonadola via. Ma ela subito se mola dela presa.

- Cossa te dovevi dirme prima?

- Gnente... giuro. Giuro che l'anima de Valerio la iera... xe la più granda!

I oci de 'Genia xe atraversai de un fulmine.

- Iera? Valerio xe morto? No, no!!!

- Xe finida. - disi Libero, no'l vol mentirghe.

- Valerio!

- No xe più gnente de far, 'ndemo via 'Genia, qua ris'cemo de morir anche noi - ghe disi Mulch.

I rumori de guera continua a farse sempre più forti. La batalia xe iniziada. 'Genia continua a zigar disperada - Valerio! - ma no la ga più forza e Mulch la cariga de novo in caroza e la porta lontan.

- Pronti coi s'ciopi! I xe rivadi prima del previsto. - ziga Libero ala compania.

Lontan dela batalia, Michele se ferma per darghe a 'Genia l'ultimo pensier del suo amor.

- Eugenia, go trovado questa nela sua scarsela.

- Una letera... per mi.

L'ultima che Libero ga scrito, quela che el gavessi voludo mandarghe per dirghe adio.

- Sangue... la xe sporca del suo sangue. - pianzi 'Genia, passando i dedi su quele bele parole maciade de rosso.

El magon xe tropo pesante de portar, no la riva gnanca a leger una riga che la va insieme. Forsi meio, pensa Mulch, no la se dispererà per tuto el toco de strada fin casa. Lontan dela guera, lontan del'odor dela morte.

- E a mi no me resta che morir, visto che ela la me pianzi senza saver. - Pensa Libero, e col fucil in man el ghe ziga ala compania - Resistè muli! 'Dio 'Genia. No stè tirarve indrio. Go do morti de vendicar: Valerio e el mio amor! Rimandemoli casa a magnarse luganighe coi capuzi garbi!

Le vosi dei compagni xe sempre più sofigade dei spari austriachi. A spetarli no iera una sola guarnigion, ma un intiero regimento. E man man che passa le ore i morti no se conta più.

- I ne xe indosso!

- Uto xe sta' beca'!

- Libero, i ne circonda.

- Abasso l'Austria. Liberi muli, liberi!

- Libero... - un ultimo zigo iaza el ciel e el tempo.

PARTE QUINTA

14. A UN PASSO DEL ZIEL

Se disi che col tempo tuto passa, anca i dolori più teribili. Che col tempo tuto se scancela, i cuori guarissi e se dismentiga.

La verità xe che el tempo no pol tuto.

Xe dolori che te sbrega el cuor, quei resta. Xe cicatrici fate col fogo nel'animo, che anca quando te pensi de no vederle e che no le ghe sia più, le se fa sentir. Sti dolori ne acompagna tuti i giorni tegnindone per man, fin l'ultimo.

I ani xe passadi, la guera xe finida. I morti che sti ani se ga porta' via no se riva a contar, senza diferenze de bandiera.

'Genia xe ancora una putela, ma la se ga brusa' i ani miliori. La voleva esser mama, la voleva esser dona e inveze la xe squasi suora. De quel giorno maledeto, quando i sogni de amor xe diventadi un risveio de morte, la se ga serado in convento in compania dei sui ricordi, del suo diol.

In quei muri de piera, cussì fredi, vivi un grupeto de monighe 'sai cocole, che trata 'Genia come una fia. Anzi, meio de come la tratava Daniza, che Dio ghe brazi l'anima.

De uso 'Genia passa le sue ore in cortil a ricamar, e difati la xe là. Sentada sula sua vecia carega la zerca de farse un centrin al sol fiapo del'autuno.

A Suor Teresa, una suora più larga che longa, 'sai ghe piasi 'ndar veder cossa 'Genia fa e ciacolar un poco con ela. Come ogni giorno, co manca un quarto a mezogiorno, la va a contarghe tute le robe che nassi fra le monighe. La xe 'sai una bona dona ma ciacolona, la sa tuto prima che te ghe conti. La ghe tanto somiglia a siora Daniza.

- Eugenia, meno mal che te go trova'. Scolta che te conto: Suor Rosaria la se ga varda' in specio, do volte! La go becada mi!

- Che mancanza de creanza! - disi 'Genia col soriso, la continua ricamar e no la alza gnanca i oci - Ghe conterò a sior Libero.

- No, per carità! El dirà che le suore le xe frivole.

- Bone però...

- Tanti ani che'l vien, sempre de sabato e mai de dimenica!

- Suor Teresa...

- Xe cocolo. Ghe volemo ben. Pecà che no'l sia un bon catolico.

- Forsi voi rivè convertirlo... - la stuziga 'Genia.

- Xe meio no tocar sto argomento o ris'cemo che no el vegni più.

- Dio lo conossi, suor Teresa. - disi 'Genia in un sospiro.

Ma a Suor Teresa no ghe interessa parlar de Dio, e la continua - El xe 'sai orgolioso. Tuti i sabati, co el vien, el me disi "Cara sorela, anca ieri, venerdì, go magna' carne".

'Genia no riva a trategnirse le ridade.

- Ah, cussì el disi?

- L'ultima volta no el gaveva magna' de do giorni. - ghe fa osservazion Suor Teresa, come una mama e no come una sorela - El xe povero, no el ga gnanca un.

- Chi ve ga dito? - se preocupa 'Genia.

Suor Teresa, che no spetava altro, ghe

rispondi - El panetier, sior Michele. E no'l vol che nissun ghe daghi una man.

El suo dolor no ghe gaveva lassado spazio per gnente altro e 'Genia no la se gaveva mai preocupa' de come che'l vivi.

- Eugenia, voi sè ancora giovine. Volè restar qua per sempre?

- Sempre.

- Perdoneme. Go parla' tropo... solito mio. - Suor Teresa con la man la se sera la boca, ma no la riva resister - E la sua ultima letera, la xe sempre con voi?

'Genia la varda e soridendo dolze la se meti la man sul cuor, xe là la sua letera.

- Lo amè ancora? - insisti Suor Teresa.

- El mio cuor xe sempre suo, de quel giorno el bati più pian.

Teresa volessi saver altro ma no se pol, el dolor va rispeta', xe meio cambiar discorso.

- Son 'sai preocupada per sior Libero. El panetier me ga dito che la situazion xe sempre pezo.

- El sta mal?

- Savè, el continua a far longhi con tuti.

- Più de un ga paura de lui. - rispondi 'Genia convinta - No i oserà sfidarlo.

- Go più pipiu del fredo, dela solitudine, dela fame. - sentenzia Suor Teresa. - Questi lo pol copar. El xe cussì paliduz, sempre più suto, quel suo povero naso...

- Xe stada una sua scelta. El ga voludo esser libero, libero de far e dir quel che'l vol. - disi 'Genia col magon.

- 'Tento, diseghe che el staghi 'tento. Per carità de Dio! - disi Suor Teresa, tornando ai sui afari e lassando 'Genia sola.

- 'Desso el dovessi rivar... ghe dirò, ma no penso che servirà.

Una canonada scassa i muri e i animi.

- Xe za mezogiorno? Strano...

El ritardo de Libero ghe fa de novo alzar i oci del suo lavor. No'l ga mai fato tardi... forsi Suor Beatrice lo ga ferma' intimandoghe de far penitenza o de convertirse.

- Xe riva' sior Libero - ziga in quel Suor Teresa, za pronta per 'ndar a magnar.

15. FOI D'AUTUNO

Quando el tempo no basta a guarir, el dolor consuma.

Libero xe consuma' del dolor, del digiunar e de lu istesso. No'l xe vecio, ga solo tre ani più de 'Genia.

Sta matina el se la ga ciapada con la calma, el camina pian pianin pe'l cortil scondendose del sol e con una strana bareta in testa. Strano, xe la prima volta che el se meti el capel, che el riva tardi e che el se la ciapa con calma.

- Libero! Dopo tanti ani, per la prima volta in ritardo! - 'Genia no riconossi suo cugin, quel modo de far no ghe apartien.

- Sì, Eugenia.

No la ga mai ciamada cussì, ogi ga anca la vose strana, fiapa.

- No ghe posso pensar. Son rivado tardi per via de... - ma no'l finissi.

- De cossa?

- Una visita inoportuna.

- Qualche scassa buboli?

Libero se senta vizin de 'Genia, sul scagno che Suor Teresa lassa svodo co la va magnar.

- Una, per dir el vero...

- Te la ga mandada via, spero. - ghe disi 'Genia ingelosida.

- Ghe go dito: scuseme ma ogi xe sabato e devo andar in un posto. Passè tra un'ora. - ridacia Libero.

- La gaverà de spetar per vederte. No voio farte 'ndar via prima de l'ora de zena.

- Forsi doverò 'ndar via prima. No posso restar tanto.

Lento Libero sera i oci, e per un poco el tasi. 'Genia no se gnanca acorzi che el se ga come indormenza' e la continua cuser. In quel, Suor Teresa, finido el pranzo, ghe passa vizin zercando de scoltar cossa se disi quei do. Eugenia ghe fa un picio moto col comio a Libero, pronta a farse la solita ridada. Ma Libero se sveia e tasi, ogi no el ga voia de tazar.

- Come, Libero, no te ghe disi gnente a Suor Teresa? - 'Genia no riva a capacitarse del suo taser.

- Come no! Suor Teresa, vignì qua! Ah! Anca ieri go magnado carne!

- Capisso. - ghe rispondi la suora - Per questo la xe cussì palido. Se la vol gavemo un poco de brodo caldo. Magnerè un caziul?

- Sì, sì. - rispondi pian Libero.

Suor Teresa la resta de stuco, se xe una roba che no iera mai capitada xe che lu ghe daghi ragion a una moniga.

- Meno mal. Gavè messo giudizio ogi.

- Libero... la zerca de convertirte? - ghe domanda 'Genia soridendo.

- Me sa de sì. Ma voio stupirve. Ve permeto de far una preghiera per mi.

Le do done no sa cossa dir, lo varda. No'l xe in sè.

- Suor Teresa, la xe rimasta senza parole. - se la ridi Libero.

Teresa, vedendolo sincero, la se avicina e pian in orecia la ghe disi - No go mai speta' el vostro permesso. - e la va via. La ga de contarghe a qualchidun.

Libero e 'Genia resta soli in cortil, ela continua a ricamar. De quando la xe serada in quel convento, la ga za fato quarantatre fazoleti. Sto centrin inveze xe mesi che la lo imbastissi, la lo disfa e la lo imbastissi de novo.

- Me vegnissi un colpo se riverò veder la fine de sto ricamo! - ghe disi lu, come ogni sabato.

- Eco, savevo mi! Te ga sempre qualcossa de ridir... - la se gira per tirarghe un ociada sbiega, ma co la lo varda ben inveze la ghe disi - Te me sembri triste.

- Ma no 'Genia, manco per gnente! - ghe soridi Libero.

- Contime cossa xe de novo.

- Alora, - cominzia lu - dopo che l'Austria xe cascada, xe rivadi i 'taliani a far tuto un remitur per le strade. 'Desso el re no se ciama Franz Joseph, ma Vitorio Emanuele. E xe come prima se no pezo. - se ferma a sospirar, anzi a ciapar fià - Co te ga el fogo dela giovineza te par de poder cambiar el mondo, e inveze... quel mona de D'Anunzio fa ancora scandal a Fiume, povera Fiume mia...

- A Fiume el xe?

- E po Mulch... - continua Libero. - Ga una mula che vien sempre comprarghe el pan. No'l sa, ela vien solo per vederlo a lu.

'Genia s'ciopa rider, lu zerca de rider

e inveze el sera i oci e ghe casca la testa indrio.

'Genia scata in pie e ziga - El xe anda' insieme! Libero!

- Eh? No, 'Genia no xe gnente. Me go solo indormenza'. Sta note no go riva' a dormir, go una vecia ferita de guera.

- Povero cugin mio. Anche mi go la mia ferita. Qua, soto el peto, vizin la letera... sua... - ogi quel ricordo la tormenta.

- Quela letera! Te me gavevi promesso che un giorno te me la gavessi fata leger.

- Te volessi legerla 'desso? - domanda 'Genia, che no sa cossa far.

- 'Desso...

Eugenia tira fora la letera dela scarsela. La macia de sangue rosso vivo xe diventada maron, inveciada anche ela, se la vedi 'ncora ben.

- Tien, legi.

Libero ciol la letera e gnanca la verzi.

- «'Genia, 'dio, stago per morir!».

- Cussì, ad alta vose? - 'Genia no sa se la ga la forza de scoltarla.

- «Sarà stasera, forsi, amor mio. Gavessi voludo scriver cussì tante robe e 'desso devo morir. Se penso che tuto el mio desiderio...»

La vose de Libero se impinissi de sentimento, 'Genia lo senti.

- Come te la legi?

- «...che no go podu' esprimerte, quei basi che bramavo de darte... volessi urlar... 'Dio, cuor mio... no go smesso de pensarte. Te me ga da' fogo drento. 'Desso gnanca l'inferno riverà brusarme come te ga fato ti.»

- No te sta legendo!

Un longo silenzio disi tuto quel che no i se ga mai dito.

- E per squasi sete ani te ga fato l'amico che vien a trovarme!

- 'Genia.. - zerca de spiegar Libero.

- Ti, te ieri ti. - 'Genia no la lo lassa spiegar, lu la ga imbroiada.

- No 'Genia, no...

- 'Desso capisso. Le letere, la vose nela note, te ieri ti!

- No, te giuro.

- Te me amavi!

- Valerio te voleva ben. - Libero se ga ripetu' sta scusa per ani.

- Te ga za cambia' tono. - la buta per tera el centrin e la se alza.

- No, no, amor mio...
El xe forsi pronto a parlar.
- Mi no te go mai amada.
Eugenia no vol più sentir monade.
- Perché te son sta' zito tuti sti ani? Per-
ché te me lo disi solo 'desso?
- Perché...

16. L'ULTIMO BICER

- Libero! - ziga Mulch senza fià, corendo.

I ani passa anca per lu, la panza ghe xe calada ma el tanto impastar lo ga scurta' 'ncora de più, se xe possibile. El modo de far inveze xe quel, Mulch xe sempre bon e sempre de furia.

- Te go trova' finamente.

- Te rivi sul più bel... - Libero ghe soridi calmo.

- 'Genia, el se ga 'maza' per vegnir de voi.

- Dio mio... Cossa nassi?

Libero no pol farghe spiegar a altri, devi dirghe lu.

- Devo finir de contarte cossa che xe nato. Ogi, matina bonora, i ga copa' Libero de Fiume. - el se cava el capel e el ghe fa veder i cavei maciadi de sangue.

- Cossa i te ga fato?

- "Morir mazado de un nemico de valor"... cussì disevo. Ma la vita no ga volu' scoltarme. Un mato del balcon me ga tira' un copo sula testa. Copa' de un copo.

Par un scherzo, ma el sangue che cola a fioti no lo rendi divertente per nissun.

- Mi lo go visto sparir drio un canton e co lo go rivisto el iera per tera cola testa rota. Lo go portado casa. - intervien Mulch.

Eugenia li scolta impiantada, ferma.

- Se gavessi visto in che condizioni che el vivi. Go zerca' de ciamar un dotor. Ma co son torna' za no'l ghe iera più.

- Libero... - disi 'Genia coi oci lustri.

- Te se ricordi quela volta soto el balcon? La mia vita iera là. Valerio no voleva imbroiarte.

Mulch varda el suo amico morir e no el riva iutarlo, no el pol meterse de mezo 'desso che lu ga trova' el coragio de parlar. El cori a zercar una suora che ghe daghi una man. El xe 'sai agita', no pol finir tuto. E prima che anca 'Genia possi 'ndar, Libero ghe ciapa la man.

- 'Genia, ti no sta 'ndar via. No te me trovassi più.

'Genia la se ingenocia vizin de lui, la poza la testa sula sua gamba e la s'ciopa pianzer.

- Mi son la tua rovina.

- No stà dir cussì. - la consola Libero - Mi pensavo che la dolceza no esistissi. Mia mama me ga sempre dito che iero bel solo per ela. Le mule me stava lontan. Ti te son stada la mia unica amica.

- No te pol morir, cussì perdo l'amor do volte. Xe ingiusto, xe stupido. Mi te amo.

Le parole che no el ga mai osa' gnanca sognar le xe là, lu gavessi solo de ingrumarle. Saria tropo facile.

- Qua xe morto Libero Brezigar de Fiume, che in vita xe sta' tuto e gnente... volessi un ultimo bicer de vin bon.

- El delira...

- Vado. Scusime 'Genia, no posso farme spetar. No voio che ti te smeti de pianzer Valerio, quel bel... voio solo che co sarò duro e fredo una lagrima sia anca per mi.

- Libero, mi te giuro...

- Ma no qua, senta' su la carega! - Libero zerca de alzarse. 'Genia fa solo moto col brazo, ma lu no vol.

- No tegnirme! Xe riva' el momento. - Libero barcola - Quela luce xe per mi. Me par de gaver za le man de piombo, i pie de marmo. Voio spetar la luce in pie.

- Libero! No stà far cussì, sentite.

- La vien verso de mi! Me par che la me punti el naso. Xe inutile baterse.

- Libero, te prego! - continua 'Genia, senza provar a fermarlo.

- Me gavè portado via tuto! - ziga Libero con tute le forze che ghe resta. - Ma una roba no sè rivadi a portarme via, qualcossa con cui andarò davanti a Dio! Qualcossa che...

Libero casca straco sula carega. 'Genia ga de saver.

- Cossa, cossa?

Con un sospiro, l'ultimo, Libero rispondi.

- El naso.

XE FINI' EL VIN

'Genia la xe 'ncora là. In local, l'odor de vin no se consuma mai, là la pol star con lu. Fora, i cocai svola e noi gavemo fini' el vin.

La bora se ga calma' portandose via i nuvoloni. El sol rendi Trieste 'sai più bela.

- Questa xe la storia de chi iera Libero. In ultimo el se ga senti' libero anca de farse piaser el suo naso. El naso lo rendeva Libero, nissun lo gaveva come el suo.

RINGRAZIAMENTI

Ci teniamo a ringraziare, primo fra tutti, il nostro maestro Francesco Macedonio, che ci ha insegnato tanto e per primo ha creduto in noi.

Ariella, che con il suo esempio ci ispira e con il suo calore ci sostiene.

Lorena, a cui dobbiamo diverse diottrie e ore di sonno, che con la sua arte dà forma ai nostri pensieri.

Diego, che ha spezzato la catena dei NO SE POL, ci ha pubblicato, guidato lungo il percorso e offerto birre.

La vera Eugenia Valentic (Trieste, 1916)

EDIZIONI BORA.LA

NARRATIVA

L'Osmiza sul mare (2016)
Diego Manna

LE CICLOMALDOBRIE

Zinque bici, do veci e una galina con do teste (2012)
Diego Manna e Michele Zazzara

Polska... rivemo! (2013)
Diego Manna e Michele Zazzara

Zinque bici e un amaro Montenegro (2015)
Diego Manna

TRIESTINISMI

Per bon, for real (2013)
Ricky Russo

El Pedocin (2015)
Micol Brusaferro e Chiara Gelmini

Ciacole al Pedocin (2016)
Micol Brusaferro e Chiara Gelmini

Radiodrammi di coppia (2017)
Alessandro Mizzi

Monon Behavior (2017)
Diego Manna

Triestini e napoletani (2017)
Micol Brusaferro e Chiara Gily

El libro dele risposte triestine (2017)
Andrej Prassel

EBOOK

Pink Parenzana (2015)
Giulia Zamarini

MUSICA

Ciano Mitraglia e il civapcicio del destino (2012)
Massimiliano "Maxino" Cernecca

Dante, Ulisse e Darth Fener (2015)
Massimiliano "Maxino" Cernecca

La galina con tre teste (2016)
Beps

DVD

L'esodo de Lussìn (2011)
Enrico Maria Milič e Fabrizio Pizzioli

GIOCHI

FRICO il gioco per il dominio del Friuli Venezia Giulia (2015)
Diego Manna e Erika Ronchin

KICIOK (2015)
Marco Englaro

BARKOLANA (2017)
Diego Manna e Erika Ronchin

Questo volume è stato stampato nel mese di
marzo 2018
per conto di Bora.La

Stampato in Italia - Printed in Italy